ちくま文庫

増補版 天下無双の建築学入門

藤森照信

筑摩書房

目次

I　目からウロコ⁉　古代の建築術　7

II アッと驚く!! 住宅建築の技 95

本文イラスト・林丈二

I　目からウロコ⁉　古代の建築術

石器で丸太は伐れるのか？〈磨製石器〉

私には、少年の頃より変わらない夢がひとつだけある。原始時代の家を、その時代の道具と技術で作ってみたいという夢。この本が建築学入門とうたいながら、縄文建築学入門と化しがちなのは、そういうよんどころない事情があるのでお許しねがいたい。

弥生時代に鉄の斧やノミやノコギリ（横挽きの小型のもの）が入ってくる以前、わが日本列島の縄文人の皆さんは、どうやって木《き》を伐り倒し、柱を立て、梁をかけて家を造っていたのか。これが分からないかぎり私の夢も実現はおぼつかない。ポイントは、当時の木材加工道具、そう磨製石器にある。道具というものが、マンモスを追っかけていた頃の打製石器（旧石器）にはじまり、縄文時代の磨製石器（新石器）をへて、弥生時代の鉄器へと進化するのは、日本史の授業で習った通りなのだが、さて、木を伐るにはあまりに不適な打製石器とよく切れることの自明な鉄器の中間に位置する磨製石器について、これまで分からないことが多かった。縄文時代人は、磨製石器によってどの程度のことが可能だったのか。

先日、日本の大工道具史研究の最前線をゆく渡邉晶さんが研究室を訪れてくれた時、耳寄りな話を聞くことができた。ついに石器による丸太の加工実験を敢行したというのである。もちろん、発掘された縄文時代の磨製石器と石質も形状もそっくりなものを製作して。

私の渡邉さんへの第一の質問は、石器に使われる石の質に関する子供の頃からの疑問について。意外と軟らかいのだ。

小学五、六年生の頃から高校時代まで、村の畑地を歩いて土器片や黒曜石の矢尻を拾うのを宝探しのように楽しんでいたが、ごくまれに石器と出会うことができた。三つ拾っている。ひとつは長さ十五センチほどの石斧で、作りかけらしく、だいたいの形は整っているものの、磨いて平らになっているのは側面だけで、あとは割肌のまま。もうひとつは、五センチほどのごく小さなもので、完全に磨き上げられ、特に刃先はヒゲでも剃れるくらいのシャープさ。あまりの小ささに子供の遊び用か儀礼用かとその時は思ったが、日本でも世界でも小型石器はしばしば出土しているから、今はノミのような小型道具のひとつにちがいないと考えている。三つ目は、高校時代、考古学者の藤森栄一の指導のもと発掘に参加した時で、発掘を一休みしてあたりの畑をウロついている時、二十五センチほどのいかにも木を伐るのにふさわしい大ぶりのを見つけた。

作りかけのは青石《あおいし》で、小型と大ぶりのは、滑石《かっせき》というのか表面に透明感のある青白い美しい石。いずれも、石質が軟らかいことを河原の石遊びでよく知っているから、どうしてこんなものを刃物にするのか不思議に思った。特に滑石っぽいのは、実用じゃなくて飾りか儀礼用じゃないかとすら考えた。

そういう自分も高校時代に七、八センチの小型の斧を自作した時は、青石を使っているが、理由は磨く手間を省いて、はたして石で木が伐れるかどうかの可能性だけを確かめたかったからで、力も時間もふんだんにある縄文人はもっと硬い石を使うべきだとその時も考えていた。ちなみに私の石斧実験は一応成功して、径五センチほどのまだ細い紅葉の木の幹を三十分ほどで伐ることができたが、伐り口がささくれ立って伐るというより叩き潰している感じで、はたしてこんなんでいいんだろうかとの不安も禁じえなかった。

そうした三十年以上前の小さな体験があったから、渡邉さんに再現実験に使った石斧の材質について尋ねたのである。

答えは、硬いよりは軟らかい石の方がいい。発掘される石器は例外なく軟らかいとのこと。理由は、研磨にある。石は鉄と違い材に粘りがないから、石器の刃先は欠けやすい。これは硬くても変わらない。いきおい研磨の回数が増えるのだが、硬い石器を研ぐには大変に時間がかかり、作業の大半を研磨にとられる羽目になる。それよりか、軟らかい石で石器を作り、欠けたらすぐ研いでまた使うを繰り返した方がいい。なるほどたしかに、木より硬くさえあれば木は削ることができる。こうした作業効率上の判断から、

硬い石で
ヒゲをそり
軟らかい石で
硬い木の
穴をほる

縄文人は軟らかい石を選んで使ったのだった。

渡邉さんは古代建築の復原研究の第一人者として知られる宮本長二郎さんと共同して、縄文人に倣い、軟らかい石で斧を作り、性能実験を敢行した。

石器の材質については軟らかいを旨とするとして、ではそうした石器が打ち込まれる木の方の材質はどうか。縄文人に倣い、硬いことで知られる栗を使ったという。伐る方は軟らかく、伐られる方は硬い。どうしてこんな逆立ちした関係になってしまうのか。

ちゃんとした理由がある。石器では、なんと、軟らかい木は伐れないのだ。杉とか檜とかの軟らかい針葉材に石器を打ち込んでも、へこむだけで、跳ね返されてしまう。刀の刃の切れ味をワラを相手に試すのは、ワラが一番切りにくいからだそうだが、それと似ている。栗をはじめとする硬くて目の詰んだ広葉落葉樹なら刃先が食い込み、削ることができる。宮本さんによると、石器時代の縄文遺跡からの出土は栗が中心で針葉樹はなく、一方、鉄器時代の弥生遺跡からはもっぱら杉、檜といった針葉樹の建築部材が出てくる。

栗の丸太で実験したのはそういう理由によるのだが、さて肝心のこと、軟らかい石器で硬い木を相手にどんな実験をしたのか。

〝穴を掘る〟実験である。

磨製石器で立木を伐り倒すことのできるのは分かっているが、そうして得た丸太材に穴を開けることははたして可能なのか。もし可能なら、柱の上に梁を架け渡す時、梁の下辺にホゾ穴を開け、柱の頭部のホゾを差し込んで接合する工法が可能になるし、高床式の倉の床を作る時、太い柱に穴を開け、細めの梁を通すこともできる。貫《ぬき》という水平力（地震や大風による横力）に耐える工夫も可能になる。ようするに、今日の日本の木造技法の基本が縄文時代に発している可能性が出てくるのである。

さて。渡邉・宮本両氏が、学生たちを縄文人として使った実験によると、磨製石器によって穴を開けることはできた。私が一番気にしていたのは時間で、はたしてどのくらいのスピードで掘れたのか。あまり時間がかかると実用性は減ずる。この点を尋ねると、

「鉄の斧の四倍でした」

実験の妥当性を示すうれしい答えだ。欧米の実験考古学やニューギニア奥地の先住民の場合と一致するし、四倍であれば十分に実用性はある。

私の夢は、こうして着実に現実性を帯びてきたが、その時まで体が大丈夫かどうか。なんせ、学術的関心というより、自分で石の斧を振るって家を造りたいのだから、体力勝負になるのである。

魔法的先端技術〝縄〟〈しばる技術〉

このところ、〝しばる〟ことに密かに関心がある。といっても、あっちの方のしばるじゃなくて、こっちの方のしばるについてだ。

四十歳以上の読者なら覚えておられるように、少し前まで建設現場の足場はすべて杉丸太を針金でしばって作られていた。私の子供の頃はナワでしばられていた。東大寺大仏殿の明治の修理の時の写真を見ると、あの大きさの建物がすっぽり杉丸太の足場でおおわれているから、ナワの持つ緊縛力というのはあなどれない。現在でも、中国に行くと、高層ビルの足場が竹を竹皮でしばっただけで作られていて不安になるが、崩れたという話も聞かないから、よほど丈夫にちがいない。

足場のほかには、これも今は田舎じゃないと見られないが、土壁の下地の木舞《こまい》は細い竹を格子状にナワでしばっている。

巨大建築をおおうほどのパワーを秘めてはいても、足場はしょせん仮設で、建物が完成した晴れの日にはどっかに消える運命だし、木舞も晴れの日には壁に塗り込められて外からは見えない。しばるという行為は、そっちの方だけじゃなくてこっちの方でも人目をはばかる日陰の営みなのである。

日陰であろうと営みがあればまだいいほうで、現代のほとんどの建設現場では、足場はパイプ足場に、木舞はボード類に変わり、しばることは皆無になっている。このことは家庭でもいえて、宅配便が発達してから、ナワやヒモで荷造りすることはなくなり、ガムテープを貼ってすます。かく書きながらわが家を見回しても、しばってあるのは、エー、明日の朝出す分別ゴミの雑誌の山と、あとないか。ひとつあった。蛍光灯のプルスイッチのヒモ。読者にも、自分が最後にしばったのはいつなのか思い出していただきたい。たいてい遠い日のことにちがいない。建設の現場でも家庭でも、しばるはもう絶滅寸前なのである。

このように今やトキのごとき〝しばる〟も、昔むかしのそのまた昔、御先祖様がこの列島で初めて住まいを作ったとき、〝しばる〟こそが先端技術だった。

石の斧で栗の丸太を切ってきて、地面に掘った穴に立てて柱とし、次にその上に水平に差し渡して梁とし、さてこのふたつの材をどうつなぎ留めればいいのか。つなぎ留めないとズレて落ちてしまう。今の建設現場の主任なら、ボルトで締めるだろう。これが一番簡単で強い。少し前の主任なら、大工さんに言って柱の頭にホゾ（凸状の突起）を切り、梁の方にはホゾ穴をあけて、ギッと差し込む。ついでに言うと未来の建設現場では接着剤で留めておしまいになるかもしれない。

では、ボルトもノミもノコギリも接着剤もないころの御先祖様はどうすればいいのか。磨製石器でホゾとホゾ穴を作ることはできるが、それだけではすぐ抜けてしまう。幸いしばる技術があった。身近な技術としてしばることが広く行われていた。たとえば、獲物をとるための弓矢。矢の先端には黒曜石の矢尻が樹皮でしばって固定され、後ろには矢羽が同じくしばられ、その矢をつがえる弦は、弓の両端にしばり付けられている。そして、獲れたイノシシは脚をしばり、棒を通して二人でかついで家へと急ぐ。

しばる技術の発達を可能にしたのはナワの存在で、一本一本は弱くて短い草や樹皮でも、ナワになわれると引っぱり強度は飛躍的に増大するし、長さも必要なだけ伸びる。これはもう原始人にとってはほとんど魔法のようなもの。物と物をつなぎ留めるほとんど唯一の技術であった〝ナワでしばる〟は、原始社会にあっては魔法的先端技術として敬意をもって扱われていたに相違ないし、こうした敬意があればこそ、土器の表面に転写されて縄文土器が生まれ、あるいは聖なる場を画すための注連縄《しめなわ》として張られたのだろう。

身近かつ魔法のようなしばる技術によって、柱の上に梁を固定させることができた。さらに、梁への垂木《たるき》の固定もしばる、垂木への横棒の固定もしばる、横棒への茅の固定

しばる【縛る】例外として、
最近の建築がらみの「しばる」といえば、
東京タワーにモスラの幼虫が自らを
しばりつけた（？）ことがある

もしばる。どこでもしばる。日本列島の最初の建物は、しばってしばってひたすらしばって造られていたのである。

こうした古来のしばりを現在見ようと思ったら、飛驒高山の合掌作りの屋根裏に登ってみたらいい。あの大きな屋根を支える丸太材は、ナワでしばられているだけ。ホゾや金物による接合に慣れた目には不安になるが、ゆるみそうで大きくはゆるまないし、切れそうで建物がバラバラになるほどは切れない。

最初の建物はしばって造られていたのだが、磨製石器そして本格的には鉄の切削《せつさく》道具の出現によって木組みが可能になり、しばる技術は建物本体からは追放されて外回りの丸太足場でしか生きられなくなり、さらに足場の鉄製化によって、ついに建築の世界から消えていった。

しかし、私は、この亡びた技術にちょいと関心が湧いてきている。きっかけはわが家の工事だ。御存じの読者もいると思うが、わが家は〈タンポポ・ハウス〉とも呼ばれ、壁から屋根にかけてタンポポが帯状に植えられているのだが、そのタンポポの帯と帯の間には鉄平石が二枚、羽重ねにして取り付けられている。問題はこの鉄平石を下地のステンレスのバーにどう固定するかで、当初は、ボルトで締めて取り付けようと考えたが、そうすると、凸凹のはげしい自然石の正確な位置に穴を開ける精密加工が必要になるが、そんなことは建築ではできない。正確に穴を開けたとしても、ボルトで締めるとちょっとした変形ですぐにパリッと割れてしまう。形状にばらつきのある自然の素材を、均質精密を旨とする工業製品で固定するのはどうも無理があるのだ。

そこで、〝しばる〟を試すと、なかなか具合がいい。具体的には、鉄平石の大体の位置に開けた穴にステンレスの針金を通して下地のバーにしばり付けるのだが、現代のナワともいうべき針金だから不定形な状況に合わせて身をよじりながら物と物をつなぐことができるし、変形に対しても適当にゆるむことで追随し、物を破壊にいたらしめない。

赤瀬川原平さんの〈ニラ・ハウス〉の茶室では、マキ（燃やすマキ）をアーチ状に積み上げて天井とする奇策に打って出て、マキ固定法の試行錯誤を重ねて、結局、最後は〝しばる〟に行き着いて実現することができた。この時〝しばる〟はシロートにも十分可能であることを知った。

バラつき、ゆるみ、シロート、こういう言葉が大手をふるうような世界にふさわしいのが〝しばる〟なのである。今気づいたのだが、物の世界での〝しばる〟は、会社や学校などの人間社会での〝しばる〟と正反対の意味を持っている。二十一世紀には、人間社会では〝しばる〟が消え、建築世界では〝しばる〟が復活するといいのだが。

弥生的なるモノ〈竹〉

日本の伝統建築では竹がよく使われてきた。見えないところでは、土壁の下地に竹の木舞《こまい》が組まれ、茅葺きの下地にも使われ、板の代わりに竹を並べて床としその上にゴザを敷く技術もあった。裏方だけでなく、表にも進出し、とりわけ茶室は竹の晴れ舞台で、床柱、落とし掛け、垂木《たるき》、棚の釣り手、窓の格子、水屋の流し台、などなど至るところに顔を出す。かの桂離宮の中で最も重要な場所として知られる、池に向かって張り出す〝月見台〟は、丸竹を並べただけの作りになっている。

こうした建材としての竹の利用は、世界的には意外に珍しく、東南アジアから日本までの地域が中心になる。これらの地域では、現在でも利用は盛んで、中国の南部や台湾には、柱から梁から床から壁から扉から屋根まで全て竹という家がある。私は中国で一例だけ見たことがあるが、一番たまげたのは屋根の葺き方で、半分に割った竹の節《ふし》を抜き、凹凸を交互に重ねて並べ、竹の瓦を作っていた。中国の南方の木造建築は独特の木の組み方をしているが、それは竹の家の作り方から発達したと主張する中国建築史家もいるくらいだ。竹の瓦を見ていると、ここから焼き物の瓦が出た、と言われればそんな気になる。

しかし、竹の生える地域の人類は木よりも早く利用していたと早合点してもらってはこまる。たしかに、竹の性能は原始人向きで、太いのは柱や壁に、細いのは並べて床に使えるし、割って広げて編めば、壁にも扉にもなるし、おまけに木のように削る作業が必要なくそのまま仕上げることができる……のではあるが、忘れてはならないのは道具のことで、いかんせん木のように石器で伐ることができない。伐ろうとすれば潰れるだけ。竹は鉄器がないと、そもそも伐り出すことがむずかしいのだ。

竹のちゃんとした利用は、縄文時代には無理で、鉄の斧やノコギリが登場する弥生時代以後ということになる。日本の場合、竹の利用はおそらく水田稲作と共に始まっている。竹そのものが水田稲作と共に渡ってきた可能性すらあるのだ。竹にもいろいろあるが、建材としての利用ということになると孟宗竹《もうそうだけ》と真竹《まだけ》の二つに絞られ、筍としても有名な孟宗は江戸時代に鹿児島に入っている。強く真っ直ぐゆえ、何に使おうと最も役立つことから〝真の竹〟の称号を日本人が贈った真竹は、いちおう日本の自生ということになっているが、桶樽の歴史の研究者の石村真一博士は、桶樽のタガ用に中国から持ち込んで人為的に栽培されて全国に広まったのではないかとの説を出している。傍証として、真竹が山にも生えうるのに、人里近くにしか生えていないことを挙げておられる。

真竹の由来はともかくとして、竹の利用法は、水田稲作、鉄器と一緒に弥生時代にスタートしたと考えていい。

ここまで書いてきて気付いたのだが、私の〝竹嫌い〟はその辺に原因があるかもしれない。

これまでわずか数件しか設計はしていないが、いずれの時も、竹を使ってみようかと考えた。竹の持つ独特の味わい、たとえば、軽やかなのに強靭な印象、大筋としては真っ直ぐでどれも同じようなのに少しずつ違っているバラつきの妙、切り口の中空の面白さ、割って使った時の新鮮さ、と次々に思い浮かぶのだが、ちゅうちょがある。どうしても、ひとつだけ受け入れられない点があった。

〝ツルピカ〟

である。竹の表面のあのツルツルピカピカ感がどうしてもいけない。建築用の自然素材としては例外的にテカルのである。工業製品は、金属もガラスもタイルもプラスティックもツルツルピカピカする。ツルピカの材感は、より軽いイメージ、より明るいイメージ、より抽象的なイメージを与える。どうもそこがいけない。一般的にはそこがいいのだろうが、私に限ってはいけない。

私は材感上で、自然素材が工業製品と異なるのは、その奥深い存在感にあると考えている。自然素材ゆえのバラつき、表面の凹凸、ゆがみ、割れ、そうしたものが自然素材の表面に微妙な陰影を与え、それが奥深さと存在感を保証している。そしてそれこそが

自然素材の味というものだと考えている。水磨きして鏡のように仕上げた大理石より、発色は悪くてもノコギリの挽き肌のままの大理石の方が、カンナがけした木よりノコギリで挽いただけの木の方が、ノコギリで挽いた木より割った木の方が、より自然の味が出ている、と確信している。

竹は、自然素材の代表選手の一人なのに、なぜかツルピカなのだ。その結果、建物から陰影を払い、存在感を減少させてしまう。

それなら、木の皮をむくように表面のツルピカをなくして使えばいいだろうに、と読者は考えるかもしれない。私もそう考えて、表面にサンダー（電気ヤスリ）をかけてみたのだが、失敗した。予想通り表皮が削れてテカリは消えたが、同時に強度も消えて、折れやすくなった。竹の切り口を見れば分かるが、繊維は外に行くほど強く密で、表皮のところが最強になっているのに、そこを削ってしまったのだ。

そんなわけで竹の使用は避けてきたのだが、一度だけ、巨大な竹カゴを作ったことがある。教室が入るほどの大きさに、割り竹を乱雑に組んで包んだから、全体としてはツルピカが消えてうまくいった。

弥生時代の高床式の建物は、もちろん竹以外に杉や檜や松をたくさん使っているのだが、おしなべて竹的に使われ、全体の印象は細身で軽くて強靭で明るい。

一方、弥生時代に先行する縄文時代の竪穴式の建物はというと、主要材は栗であった。

石器で伐り倒せるのは、一三頁で述べたように栗をはじめとする硬い広葉樹に限られ、杉、檜、松といった軟らかい針葉樹は鉄器でないと伐れない。曲がりや枝分かれの強い栗の丸太を石器を振って加工するのと、竹や杉や檜や松を鉄器で伐って使うのと、どっちが陰影に富み存在感にあふれるかは明らかだろう。

〝縄文的なるもの〟が肌に合う私としては、竹と針葉樹に立脚する〝弥生的なるもの〟がどうしても好きになれないのはいたしかたない。

竹に象徴される弥生的なるものは、弥生時代以後、上品で洗練された都会的で貴族的な建築形式として発達し、やがて江戸時代の初期に桂離宮に至って、頂点を極める。桂の地は月の名所として古来から聞こえ、桂離宮は一言でいえば貴人たちが月を愛でるための別荘で、池に向かって張り出す月見台が一番重要な場所となるが、そこに竹が使われているのは当然のことなのである。

「夏は樔《す》に宿《ね》」とは〈樹上住宅〉

現存世界最古の樹上住宅を見に行ってきた。といっても、ニューギニアの奥地じゃなくて、ロンドンから列車とタクシーを乗り継いで三時間ほど北上した片田舎へ。ニューギニアをはじめ世界各地の原住民の例は、形式としては古いが、どんどん作り替えるから物としては新しい。イギリスのは、ピッチフォード・ホール（ホールは邸宅の意）という田舎の大地主の屋敷の一画にある。どうして年代の古さが分かるかというと、ヴィクトリア女王がまだ少女の十三歳のみぎり、一八三二年のこと、珍しいからと話に聞いて訪れ、お登りあそばしたからだ。

それは、住宅というよりは広さ四畳半ほどのチューダー様式で飾られた箱で、小高い丘の上に枝を広げる直径四メートルほどのオークの上に乗っかっていた。作りからして、田園風景を眺めながらお茶を楽しむティールームのようなものだったんだろう。二階ほどの高さを登ったり降りたりしながら、私は考えた。わが日本列島の御先祖様のことを。

御先祖様たちは、今よりはるかに床の高い家に住んでいた可能性がある。

高床式住居である。この形式は稲作とともに大陸から伝わった（源流は長江流域であることは間違いないが、日本までのルートに諸説紛々）弥生式文化に固有のものと、私なんかが習った建築史の教科書には書いてあった。在来の縄文時代の竪穴式住居 vs. 新来の弥生時代の高床式住居。まことに分かりやすい対立の構図である。

が、しかし、縄文時代の住生活についての研究が進むにつれ、竪穴式だけじゃなくて高床式も併用されていた可能性が高まってきた。八六頁に述べる『日本書紀』に記された「夏は樔《す》に宿《ね》、冬は穴に住む」の一件で、竪穴式という半土中住宅は冬用で、暑い夏は高い床の上で、湿気と蚊を逃れ、風通しのいい涼しい生活をしていたんじゃないか、と。たしかにそう考えないと、日本の夏を半土中で過ごす縄文人は自然環境に超鈍感だったことになってしまう。

縄文時代にも高床式の暮らし方はあり、弥生時代にもあった、ということになると、さて、両者の差はどこにあるのかに関心は移る。なんだか、〝天下無双の建築史入門〟と化してしまって読者には申し訳ないが、ヘタな現代よりは過去の方が面白く、このところ私の関心はドンドン過去を遡《さかのぼ》り、人類が初めて土を掘ったり柱を立てたりして住まいを作った最初のその一瞬を、わが手に感じ、わが脳裏に思い起こしたいと切に願うようになってきている。そこから出発するしか二十一世紀の建築の新しい道は開かれないのではないかと妄想をたくましゅうするのであります。

稲作とともに伝来した弥生時代や古墳時代の高床については、相当正確に推測することができる。当時の形式を残す伊勢神宮が伝わっているし、古墳からは埴輪の家が出土する。登呂遺跡もある。中国南部の少数民族や東南アジアの先住民の家も大いに参考になる。ところが、縄文時代となると、これが分からない。冬用の竪穴式住居の跡が大量に出土するのに比べ夏用の巣の方はまことに淋しく、今のところ跡形もないが、しかし、なかったと考えてはいけない。考古学の発掘は、その気になって掘らないと出てこないものだが、今のところその気でない学者の方が多いから仕方がない。さらに困ったことに、その気になってる一部の考古学者にも、巣の内容がなんとも雲をつかむようなのだ。

縄文人が夏の暑さと湿気を避けて住んでいた巣とはどのような姿をしていたのか、これを考えるのは、建築史を専門とし設計もちょっとはやる私の任務ではあるまいか。

巣とこれまで書いてきたが、『日本書紀』では〈橧〉と表記している。もともとは古代中国において北方の蛮族の夏用の家を指す漢字で、字の通り、土の中の巣じゃなくて樹の上もしくは樹にたよった造りを意味する。残念ながら中国でもその実態は手がかりがない。

が、そこは象形文字たる漢字のありがたさで木の巣となれば、まずは鳥の巣のイメージだろう。文明を誇る漢民族が北方の民族の野蛮さ（自然性）を馬鹿にして、〃あいつら鳥みていに樹の上の巣に住んでやがる〃というわけである。

The tree-house in Pitchford

となると、その形式は自ずと明らかで、鳥が巣を架けるときと同じように、樹の分岐のところに丸太を差し渡して床とし、その床と樹を使って屋根をかける。床に使われる小枝や屋根に葺かれた草や樹皮の様子は、下から見上げると巨大な鳥の巣に見えたとしても仕方がない。

大きな樹の分岐したところにかかる人間のための巣。これはもう、ニューギニアの樹上住宅であり、イギリスのピッチフォード・ホールであり、アメリカのハックルベリー・フィンの家にそのまま重なる。われらが御先祖様も、夏になると、ハシゴをトコトコと登り、二階建てくらいの高さから遠くを眺めながら暮らしていたのか。と、イギリスの片田舎の樹上住宅を登り降りしながら考えたのだった。

が、しかし、私にはどうも納得がいかないのだ。ピッチフォード・ホールは二階建てくらいで、高さが納得いかない。巣のような家のイメージはいいのだが、ニューギニアなんかの樹上住居になると、三階建て以上の高さもザラだ。五十メートルのところに作られた現役の例を雑誌で見たこともある。三十メートルのはNHKで放映していた。こうした過激な高さになると、これはもう暑さや湿気を避けるためじゃなくて、他の首狩り族の襲撃を防ぐのが目的になる。

縄文人に部族間の首狩りの風習はなかったし、トラやヒョウもいなかった。とすると、いかにも鳥の巣のように下から見上げるほどの高さのところに作る必要はなかっただろう。おそらくもっと地面に近い、身の丈ほどのところじゃなかったか。自然の立木をみると、低い位置から枝が水平に張り出しているものがある。放っておくと低い位置のは枯れてゆくが、周囲が広いとそのまま太く育ってゆく。そうした水平の低い枝を利用してもいいし、あるいは栗の樹なんかは日当りのいいところで育てば、ごく低い位置から三、四本に幹が分かれる。縄文人が、主食の一つとして栗を栽培していた可能性は近年の研究でますます高まっており、いかにも高床式向きの栗の樹形を作ることなんか朝飯前だったろう。そういう低い位置の枝を利用すれば、巣を作るのはずっとやさしくなる。なぜなら、床を支えるつっかい棒の柱を簡単に立てることができるからだ。専門的にいうなら、柱じゃなくて束《つか》程度ですますことができる。

ピッチフォード・ホールの樹上住宅は、高さが二階分あるから、一九七七年の大風で土台の枝の一本が折れた後、鉄の柱のつっかい棒を無理に取り付けて補強しているが、低い位置にさえあれば、先が二股になったちょっとした丸太で補強もできる。

鳥の巣といっても、われらが御先祖様のは、手が届く程度の高さのところに架けられたニワトリ小屋みたいなもんだったんじゃなかろうか。これでは遺跡として何も残らなくてもあたりまえ。おそらく、私が推しはかるに、縄文時代の人々は、ニワトリ小屋程度の造りであったにせよ、夏に高い床の上で暮らす快適さを知っており、この習慣の上に弥生時代になってから、建築的にはより高度な新来の高床式を受け入れたにちがいない。

日本の建築は、欧米に比べ、板の床を高く張るけれど、こうした伝統は、縄文時代このかた五千年以上の歴史を持つのである。そうした長い歴史によって、日本の床のこころは〝高く張って清らかに保つ〟になったのだった。

腐らない土台の工夫〈基礎と土台〉

〝お前はキソがなっとらん〟〝この組織はドダイから腐っとるから、改善なんてドダイ無理だ〟なんてことは他人から言われずにおきたいもんだが、建築出身用語でキソとドダイほど一般語化したものはない。

が、一般化しているわりにには本来の意味は正確に知られていなくて、おそらく読者のうち非技術系の人のほとんどは、基礎と土台をゴチャマゼに理解してるんじゃないか。上下関係でいうと、基礎の上に土台が載っている。基礎は昔は石、今はコンクリートで、土台はその上に横たえられた木材。そして土台の上に柱が据えられる。下から、地盤、基礎、土台、柱の順になる。土台は木造に固有のもので、コンクリートや鉄骨造の場合は、基礎の上に直接、柱や壁が立つ。基礎と土台は、材料も働きもちがうわけで、一緒にはできない。土台は腐るが基礎は腐らない。

歴史的にいうと、土台はずっと新しいもんで、基礎は大昔からある。世界的にみると、土台は木造建築圏にしかないが、基礎は建築のあるところならどこでも使われている。

土台より基礎の方が基礎的なのである。

そこでまず基礎のことから話そうと思うが、その基礎も日本の場合、最初からあったわけじゃない。最初は、柱を土の上に直接立てていた。正確にいうと、穴を掘って立てていた。いわゆる掘立柱《ほったてばしら》で、縄文時代の竪穴住居も弥生時代の高床住居もこれ。掘立柱の弱点は腐ることだが、栗材を使うかぎり問題はない。栗はきわめて腐りにくく、青森の三内丸山遺跡では、縄文時代の栗の丸太柱が柱穴からいくつも発見されている。条件しだいでは五千年もつのである。

原始時代を通して一万年近く掘立柱だった日本列島に基礎が出現するのは飛鳥時代になってからで、大陸から伝えられた。〝木を土の上に直接ではあまりじゃないか、石をはさみなされ〟というわけで、土の上に小石（グリ石という）を並べて突き固め、その上に柱を立てる。ただし、当初は掘立柱の底にグリ石を敷いているだけだから、防腐対策じゃなくて、各柱を据える高さを一定させる高精度化の目的かもしれない。しかし、グリ石時代はすぐ終わり、地表にちゃんとした石を据えて柱を立てるようになる。仏教建築建設の中で用いられたこの礎石が日本の基礎の原点ということになる。

われらが御先祖様は、どうして由緒ある掘立をやめて礎石に走ったんだろうか。あらがいがたい技術的利点が三つあった。一つは、もちろん腐りにくい。二つ目は、柱を据える時の水準の精度があがる。三つ目は、柱を伝ってくる建物の荷重が、礎石によって分散して地盤に伝わるから、地盤沈下が起こりにくい。

当時も、縄文復古主義者はいたはずで、〝栗の掘っ立てで十分ダ〟と主張したにちがいないが、ムダだった。栗はとっくに建材の王者の地位を滑り落ちていた。一一頁に石器の話のなかで触れたが、縄文時代の主流の栗材は石器で削りやすいというのが利点だったが、弥生時代に鉄器が入ると、石器では切れなかった檜、杉、松といった針葉樹が利用されるようになり、栗は取って代わられる。針葉樹の方が、まっすぐで、成長も早く、建築用には使いやすいのである。しかし、針葉樹には腐りやすいという欠点もある。弥生時代、古墳時代は、針葉樹を、腐りやすいという欠点をガマンして使っていたわけだが、そこに防腐装置かつ精度向上装置としての礎石が紹介されたのだから、広く受け入れられるのが当然だろう。

飛鳥時代を境に、礎石と檜のモダンコンビがわが国建築史の王者の地位を独占し、一方、栗と穴の縄文コンビは、庶民の民家に限定され、関東地方そして東北地方へとどんどん追いやられてゆく。現在、建材として栗が流通するのは、九州の南のごく一部と、中部・関東地方の一部、そしてなんといっても東北地方である。

がしかし、おごれるものは久しからず。礎石・檜コンビにもある時危機が訪れる。土台の発生である。長いこと、石を据えてその上に柱を立てていたのだが、どうも具合が悪い。しょせんはバラバラに置かれた石で、厳密に柱位置を出して完全な水準を得ることはできないし、そこそこの地震で柱がズレて礎石からはずれることも少なくない。どうするか。礎石を点々と並べ、その上に角材を横たえてつないで完全な水準と正確な平面を出し、その上に柱を立てる。土台の発明である。土台は木だから、少し高いところがあっても削るのは楽だし、ホゾ穴を掘って柱を立てればズレることもない。

江戸時代の中頃に出現した土台によって、さしもの礎石・檜（柱）の名コンビも仲をさかれ、間に土台が割って入り、礎石、土台そして柱という現在の木造の基本が決まったのである。

そして同時にわが愛しの栗の逆襲がはじまる。土台は、間に礎石があるとはいえ、土に一番近いところに立つんじゃなくて横たわるわけで、柱にくらべずっと腐りやすい。となると、栗にもう一度土台になってもらうしかない。礎石・檜コンビは、かつて捨てたはずの栗によって仲をさかれたのだった。がしかし、礎石・檜支配の長くつづいた関西などでは山という山には檜、杉が植林されて、栗材の供給は絶えており、針葉樹の土台を使うしかなく、白蟻に悩まされることになる。

こうして日本の木造の下半身の作り方は確立し、そして明治維新を迎える。万事一新、すべてはヨーロッパの影響を受けることになるが、木造の下半身はどうなったのか。基本的には操は守られたのだが、基礎の形状は変わる。点々と並ぶ礎石による基礎は、ヨーロッパの煉瓦、石造の連続した基礎に取って代わられる。独立基礎から布《ぬの》基礎へ。今

日のコンクリートで基礎を打ち、その上に防蟻処理した土台を回し、柱を立てる方式が生まれる。

現在、世界中の木造建築はこのやり方で統一されている。自転車の改良と同様で、もう行くところまで行きつきこれ以上改良すると木造でなくなるところまで来ている。木造建築を設計する時はこれ以外にない。

が、想像力は行くところまで行きついた状態に不満を唱える。想像力は何か新しいことをしたいのだ。少年の自転車だって、満月をバックに夜空を飛んだじゃないか。私の想像力は、困ったことに過去に向かって飛ぶ。そう、掘立柱を現代に復活できないもんかと考えている。

あれの最大の弱点は腐りやすいことだったが、今は対策がないではない。木は腐りやすいが、腐りにくい木もある。栗がそうだし、針葉樹でも、太い木の芯の方は腐りにくい。腐るというのは、細菌が繁殖して木の細胞を食って（分解して）しまうことだから、細菌の繁殖しにくい条件を作ってやればいい。この点は、食べ物の防腐と同じ。

現在、いろんな防腐剤が開発されている。危ない成分を含むものも多いが、安全性の高いものもある。たとえば、栗の防腐成分を合成するなんてことも可能だろう。

根本だけ防腐処理した柱を掘っ立てるのだが、土中ではグラつきやすいから、コンクリートの中に深く埋める。そうすると、自然の樹と同じように、地面から一本だけでも独立して立つことができる。そういう柱を点々と〝生やして〟、その上に適宜、床を張り、壁を立て、屋根をかける。イメージとしては高床式になる。日本の住まいの原点の〝夏は樔《す》に宿《ね》、冬は穴に住む〟の夏の樔がかくして出現するだろう。わがタンポポ・ハウスは〝冬の穴〟のイメージで作ったから、次は夏の樔ということになるのだが……。

柱であって柱でない九本目の柱〈御柱〉

先日、出雲へ出かけたおり、出雲大社の発掘現場を見せてもらった。地表から二メートルほど下に顔を出す発掘物を目の当たりにして、

〝あの伝えは本当だったんだ〟

青森の三内丸山遺跡の栗の巨木を見た時よりも強い感銘を受けた。

古代の出雲大社の建物については二つの伝えがあった。第一の伝えは、もちろんその大きさの件。社伝によると、大昔は高さが三十二丈（九十六メートル）、昔は十六丈（四十八メートル）、今は八丈（二十四メートル）というのである。現在の姿でも十分に巨大だが、昔は倍、大昔はさらにその倍。九十六メートルは神話的強調としても、四十八メートルは本当だったんじゃあるまいか、というのが私たち日本の建築史家の希望的推測だったし、そういう復原図も描かれているのだが、いかんせん物証がない。内心、不安もあった。四十八メートルなんていう高さの木造建築が本当に可能なのか。普通の木造住宅の一階分の高さは二・七メートルだから、十七階分にもなるわけで、そんなものつくってみろと言われたら、誰だって尻ごみする。

一番の問題は柱で、四十八メートルの長さの柱の取れるような樹は日本にはない。大昔にはあったとしても、そんな長いのをどうやって伐り出し、運び、おっ立てるのか。

この難題に答える第二の伝があって、それは平安時代に描かれた古図の写しなのだが、三本の丸太柱を金輪（帯金）でしばって寄木の柱にしていたという。たしかに寄木という手はあって、東大寺大仏殿は、その方法で世界最大の二十七メートルを可能にしている。大仏殿の寄木は、一本一本の木を高い精度で削り出して帯金で束ねて、外見上完全に一本の丸太となっているから問題ないのだが、古図に描かれた古代出雲の寄木ときたら、三本の丸太をそのまま帯金で束ねただけ。寄木柱というより束ね柱。丸太と丸太の間はスカスカ。そんな乱暴な一体化で本当に大丈夫なのか。もちろん現在そのような技法は伝わっていないし、かつてあったという資料もない。学生時代、この古図を神社建築の授業で初めて目にしたとき、古代の伝説を保証するために後世に考えられた想定技術じゃあるまいかと疑った。ヘンな話の好きな私ですら不安になるような技術。加えて、美的にも若干の問題があって、三本丸太の束ね柱の形が、四角でも円でもなく、全体として、角の丸い三角形というかオムスビ型になる。南伸坊の顔のような断面の神社の柱なんて……ありがたみが……。

ところが、発掘現場の砂利混じりの土中から顔を出している柱は、オムスビ顔でこっちを向いてほほえんでいる。おのおの直径一メートル三十五センチの丸太が三本、帯金で束ねられた状態なのである。三本を合わせた差し渡しの太さは実に二メートル八十五センチ。

この空前の太さを見たら、四十八メートルの高さを疑うことはもはや出来ない。

それにしても、古代人はどうしてそんな高さを必要としたのか。一本の樹から取れる柱の高さを超える背丈を、束ね柱で獲得するような無理無体をどうしてやったのか。

手がかりは、現在の出雲大社の柱にある。江戸時代につくられた社殿は、三本の柱が三列並び、都合九本の柱で支えられている。ここまでは何の不思議もないが、この〝三本が三列並ぶ〟は、自分で絵に描いてみればすぐ分かるように〝中央に一柱、周囲に八本並ぶ〟とも言い換えることが出来る。中央の一本は、九本の一本にすぎないとも言えるし、それを囲んで八本が並ぶとも考えられる。

どちらの解釈が正しいかは、中央の柱自身が答えてくれる。特別の神官しか入れないことになっているが、なぜか入ってしまった建築史家（私ではありません）の話によると、中央の柱は、床を下から貫いて本殿の中を伸び上がり、背丈を過ぎたあたりで止まっているのだ。構造的に必要な柱なら、さらに伸びて棟木を支えなければならないのに。

このことは、中央の柱が実用的なものではなく、シンボリックな存在であることを意味する。柱の名称も〈岩根御柱《いわねのみはしら》〉。伊勢神宮の二十年にいっぺん建て替える中央の柱は〈心御柱《しんのみはしら》〉といい、床の上には顔を出さず、床下に隠されている。出雲大社の場合は床

の上まで顔を出しているが、起源は同じ。諏訪大社の六年にいっぺん建て替える柱の名は〈御柱《おんばしら》〉。三つの古社の柱は、名前からしても同じ性格と考えてかまわない。

ここまで言えば日本の人なら誰でも想像がつくように、この柱は、神サマが降りてくるためのしるし、降りてきて依りつくための場所、依代《よりしろ》なのである。言葉の使い方としてはノリシロと同じ。

その依代がどうして四十八メートルの高さを必要としたのか。後世の算出にすぎない説を含め、いろんな説があるけれども、私は、発掘現場にたたずみ、現在の二十四メートルの本殿と周囲の森の光景を見上げながら分かってしまったのだった。そう、

〝森よりも高く、木々の梢より一頭地抜いて〟

目測によると、周囲の原生林の杉の古木の背丈は三十数メートルある。三十メートル台が杉の限界と言っていいと思うが、その梢の上まで神殿本体を持ち上げるとすると、高さはちょうど五十メートル近くに納まる。神サマが降りてくる目印なのだから、海の灯台と同じように、抜きんずる高さが必要だった。

こうなると、私の空想は虎に翼の勢い、とどまるところを知らない。出雲大社だけでなく日本列島中そういう神社がいたるところにそびえていたんじゃあるまいか。神社の神社たる条件は、樹の高さより高く。まだ農耕が一部に限られ、村々は樹々の間に埋もれるように広がっていた頃、その樹々の梢が波打つ樹海の上に点々と島のように浮かぶ

神社たち。メキシコの密林の中に、ピラミッドが忽然と現れるマヤ文明の遺跡の、あの石のピラミッドを木の建築に代えたような光景。思い描くだけで涙がにじむ。

空想の翼はちゃんとした本殿の建築が成立する前の姿にも及ぶ。おそらく、真ん中の柱は、最初は自然に生えたままの樹だったにちがいない。まず、森の中で神サマの降りて来そうな背が高く姿もいい巨木が依代として選ばれた。あたりの樹を伐り払って一本だけ目立たせる段階があったにちがいない。そしてそのうち、神サマが降りて来た時、仮の宿を作って差し上げよう、ということになった。地域の族長もしくは巫女が、樹の上に登って神サマの声を聞いたり、交わったりする場という性格もあったかもしれない。とにかく、巨木の途中の枝を払い、上の方に残した枝を土台として鳥の巣のように樹上建築がつくられた。幹のてっぺんは、屋根の上にちょっと顔を出すのが好ましい。

しかし、やがてその樹は枯れ、近所の別の巨樹に移るのだが（式年造営の起源）、そのうち適切なのがなくなり、枯れてしまった巨樹を不変の依代として固定することになり、屋根から突き出る幹は途中で切り、土台としての枝を捨て、代わりに下から突っかい棒のように柱を立てる。

そんな太古の光景が、発掘現場に立って本殿と周囲の森を眺めていると、重なるように浮かんでくるのだった。

巨木を頼って住まいが生まれた〈大黒柱〉

雨が降れば濡れる。日が照れば暑い。猿から進化してそうとうたってから、人間はその不便に気づき、雨と日射しを避けるため屋根というものを発明した。さらにだいぶたってから、屋根を自分の背の丈より高い位置に支えるため柱と壁を工夫し、建物の原型が誕生する。

原始人は柱には苦労したにちがいない、と信州の山村の少年は確信していた。中学生の頃、原始人の真似をしたくなり、本で見た図にならって小さな石の斧、正確にはグラインダーで磨いた新石器を作り、庭先の若木に立ち向ってみたのだが、切れないこと切れないこと、樹皮としらた（丸太の周辺の白く柔らかい層）がささくれ立つばかりで、赤身（芯の硬い層）にはいっかな届かない。御先祖様たちは本当に石の斧で丸太を伐り出すなんて芸当が出来たんだろうかと疑わざるをえなかった。

しかし大人になってから、しかるべき本によって、立木用の石斧はうんと重いのを使い、斜めにではなく水平に近く力いっぱい打ち込むのが正しく、そうすれば鉄の斧の二十五パーセントていどの能率が可能になるなどと知った。

石の斧でも二日もあれば、家に最低必要な四本の柱を得ることができる勘定だが、私としてはせめて一週間はかかってほしい。出来たら村の原始人総出で一日たっぷり。でないと、子供の頃の体験が意味をなくすし、だいいち以下の文への続き具合がしっくりいかない。

手軽に柱が得られたとはとても思えないような深い意味が、日本の木の柱には込められているからである。

たとえば、伊豆の韮山の江川太郎左衛門家の柱はどうだ。伊豆代官を一五九六年以来二百六十年余にわたり務めた江川家に入ると、まず広大な土間に目をうばわれる。何百年も人の足、おそらく裸足によって踏み固められた土の面は小さく凹凸を繰り返し、湿りを帯びて濡れたように光り、戸口近くの明るいところには緑の粉をまいたようにうすくコケが生えている。

目を上げると、天井はなく、ススけた黒い丸太梁が走り、その向うには屋根裏の闇がわだかまる。地を見つめ、天をながめた後、この黒々とした大空間を一人で支えている柱の存在に気づく。抱えれば二抱えほど。表面を鉄の斧で粗く削っただけの丸太が土中から立ち上がり、中ほどには注連縄《しめなわ》が張られている。

ふつう柱は礎石の上に置かれるが、こいつはちがう。地べタから直の掘立柱《ほったてばしら》。もし自分がこの柱だったら、毎日どんな気分だろうか。靴も履かず、裸足の足を土の中に突っ込んで、背筋を伸ばし、重い屋根をしっかり支える。動くと危ない、屋根が崩れる。梅雨時はつらい、土に埋った足がふやけ、白癬菌がはびこりそうだ。夏はいい、足からの涼しさが体の中を上昇してゆく。

このように足を埋めたまま微動もせずに三百五十年以上も春夏秋冬を繰り返していると、百年を過ぎた頃から奇妙な気分が湧いてくる。力を込めて踏んばる感覚が足の裏からいつしか消え、なんだか足と土の区別が付かなくなったような、わが身は埋っているのではなくて実は生えているんじゃないか、と。

江川太郎左衛門家の土間の柱は、普通の掘立柱ではなく立木をそのまま柱に見立てて使っていると伝えられている。山から伐り出し人のために立てたのではなく、筋の通った巨木を頼って人の住まいが生れた。人の方が木に寄生して。

土間の暗い大空間に立つ丸太柱を前にすると、現代人でもこの伝えは本当と思えるし、昔の村人が、柱の上の暗い辺に精霊（カミサマ）を見たとしてもおかしくない。

家の中心の柱が立木につながり、立木にカミサマが宿る、という感覚はいつから始まったんだろうか。

キリもなく遠い昔からの可能性がある。伊勢神宮の正殿の床下の中心位置には檜の掘立柱が一本隠されているし、出雲大社の場合、すでに述べたように中心の柱は床下にとどまらず床を突き抜けて天井位置（天井は張られていないが）にいたって止る。

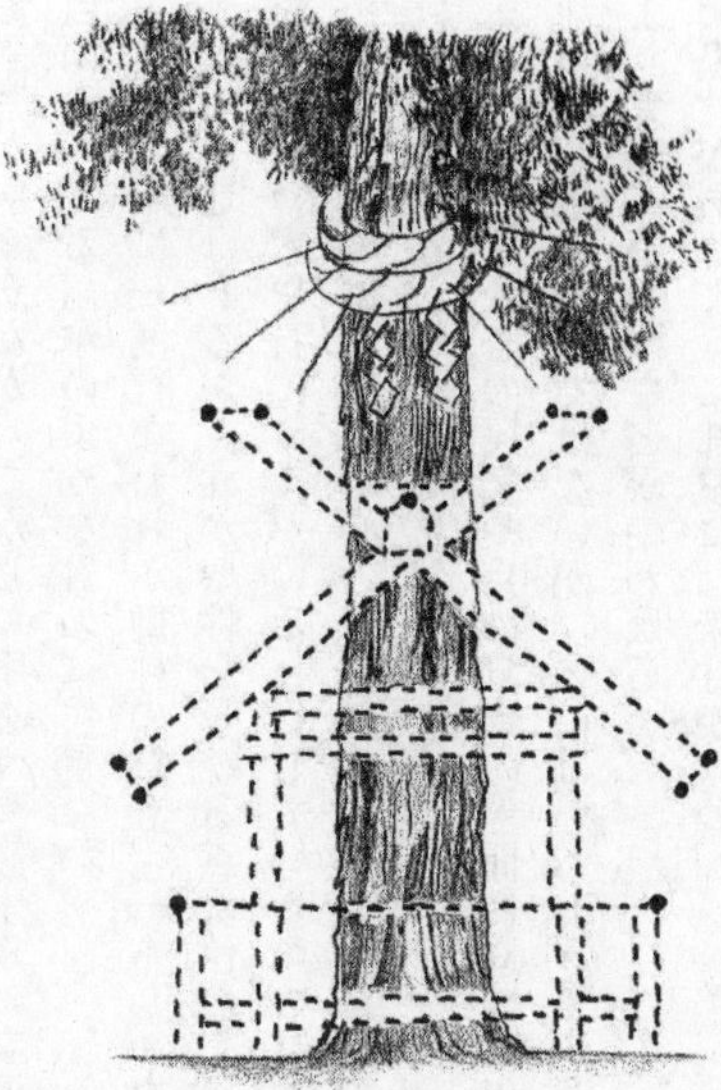

床下、天井位置の差はあるが、柱が中途で止っているのは奇妙なことで、建物が作られる以前からそこに立っていたことを語る。おそらく、カミの宿る立木か、カミをおろしてきて宿らせる柱か、そういう聖なる柱の名残にちがいない。伊勢にせよ出雲にせよ、現在、参詣客がありがたがってかしわ手をうつ高床式の立派な建物は、本当は聖なる木の柱を風雨から守る雨傘のようなものにすぎない。

諏訪大社で六年に一度行なわれる御柱《おんばしら》の祭も、一本じゃなくて四本立てるところに解釈の分かれる余地はあるが、柱が聖性を帯びる点は伊勢、出雲とそうちがわない。

そんな山や川や木や石にカミがいると信じていた頃の柱の話を引き合いに出すのは、そうした数千年前の御先祖様の心の習性がその後長く日本の建築の中にそこはかとなく生き続けていると考えられるからだ。

たとえば田舎の草葺きの民家や京の町家の土間に立つ大黒柱はどうだろう。江川家のように注連縄を張るわけではないが、名前はいちおうカミサマで、目立つ位置に立ち、他の柱より太くて堅い欅《けやき》などが使われる。

家に大黒柱があるように部屋には床柱が立つ。

大黒柱と床柱は似ていて、二本は立てないし、名のある樹種の素木《しらき》が使われる。床柱のそばの床框《とこがまち》に漆を塗っても床柱はかならず素木のまま。時には樹皮をむいただけの丸太に近いものを立てたりする。塗りという技法は仏教建築とともに導入されたもので、日本列島ネイティブではない。

一本を大事にし、素木にかぎる、こうした今でも生きている柱へのセンスの源をたどってゆくと、江川家をへて弥生の高床式形式の伊勢、出雲へとつながり、さらにその先はどこまで行くのか、もしかしたら縄文に届くのかもしれない。

起源の件は別にしても、世界の建物の歴史の上で日本の柱というのはきわめて珍しい存在なのはまちがいない。

日本のほかに今でも木造の家に住む伝統がいちおう生きている地域は、イギリス、アルプス以北、北アメリカ、東アジア、東南アジアなど意外に広いけれど、こと柱の扱いを見ると日本とはちがう。木造だから柱を立てて梁を架けるのは同じだが、多くの場合、柱は壁体の一部でしかない。独立柱のある場合でも、たまたまそこに支柱が必要だからあるだけで、格別のものとして立てられているわけではない。

外国旅行に出かけたことのある人は思い出してほしいが、印象深い位置に印象深い柱が一本立っているのに出会ったことがあるだろうか。

家の中心に一本立つ大黒柱も、部屋の中心に一本立つ床柱も、ほんとうに珍しい存在なのである。

お父さんのことを大黒柱といい、エライさんが床柱を背に座りたがるのも、理由のないことではない。

なお、江川太郎左衛門家の柱の伝えだが、解体修理のおり、根元を掘ってみたら、立木ではなくて掘立柱だった。伊豆の村人の心の中に生きる太古の記憶が根を生えさせたのかもしれないし、今の建物よりずっと前の江川家では本当に立木が使われていたのかもしれない。

木造神殿から石造神殿へ〈石柱〉

戦前に作られた銀行や保険会社の建物にはたいてい石の柱が整列している。日本だけじゃなくて、ヨーロッパでもアメリカでもそうで、金融機関の他では国会議事堂や官庁建築も石の柱が大好きだった。

といっても、ただ石の柱であればいいわけじゃなくて、柱の上端に〝渦巻き〟〝葉っぱ〟〝お皿〟このいずれかの装飾が付かないと有難みが半減する。渦巻き状はイオニア式、葉っぱは地中海大アザミの葉を模したものでコリント式、お皿状はドリス式といい、いずれもギリシャ神殿の柱のスタイルから来ている。ギリシャは、ヨーロッパの文化の根底に位置し、永遠の生命を持つと考えられ、この根底、永遠の二語に銀行家と預金者と政治指導者が思いを託した。日本の場合、ギリシャに義理も縁《ゆかり》もないけれど、太い石の柱が整列するのを見上げると、虎の子を預けても大丈夫そうだし、間違いのない政策をやってくれるんじゃないかと錯覚する人が現れてもおかしくない。けれども、河原なんかで小石遊びをした子供の頃のことを思い出してほしい。石で柱が作れたか。積んでも積んでも途中でフラフラして崩れる。賽の河原。ちょっと違うがシジフォスの神話。

柱は難しいが、しかし、大小の石を組み合わせながら積むと壁なら出来る。石は基本的な性格として壁に使われるのを望んでいる。その証拠に、ヨーロッパの普通の農家や町家を見ると、石の柱ではなくて石（煉瓦を含む）の壁で出来ているではないか。なのに銀行や官庁が石の柱を並べるのは、民家では出来ない無理を敢えてすることで、力のほどを天下にしらしめようとしているのかもしれない。

そうした行いの源はもちろん古代ギリシャだが、どうして哲人ぞろいなのに石の柱をおっ立てるような無理無体をあえてやったんだろうか。これには定説があり、

〝木の柱を真似て石の柱を立てた〟

のである。柱だけではなくてギリシャ神殿はもともと丸ごと木造だが、途中で石造に置き替えられてしまった。公園の柵なんかにセメント製の擬木《ぎぼく》が使われていて安っぽく見えるが、実はギリシャ神殿も擬木だった。ただし白大理石製の。証拠は柱にある。石で作るなら角柱が一番作りやすいのに（原石は四角に切り出す）、丸太柱にならってわざわざ丸く削るのだ。ギリシャの柱の一番の特徴といわれるエンタシスも、先に行くに従って細くなる木の丸太柱に倣っている。ドリス式などでは柱に縦の浅い溝が刻まれるが、これは丸太の樹皮の凹凸が源という。柱だけでなく、たとえば軒の付け根に歯のような形状の凹凸が並ぶが、〝歯飾り〟といい、木の垂木《たるき》の尻の名残り。

大理石で木を真似るようなアブナイ起源を持つギリシャ神殿の信仰の中身がアブナク

木造パルテノンはあったか？
工事中につき、
ごめいわくをおかけします

ナイわけがあろうか。世界史の教科書で習ったような知性と教養のギリシャ文明の殿堂なんかじゃ全然なかったことが近年の研究で明らかにされている。神殿の中では蛇が飼われていたらしい。アテナイの女神は蛇の女神で、アクロポリスの神殿のペディメント(三角破風)には半人半蛇の像が刻まれていた。ギリシャだけでなく中国でも日本でも蛇は、太古から生命力のシンボルとしてあがめられ恐れられてきたから、ギリシャの哲人たちが首から上の知性とは別にそうした人類の心の古層を保持していてくれたのはうれしい。

この蛇体信仰のほかにもう一つ、ギリシャ神殿には教科書に書いてなかったアブナイ中身がある。どうも、血と肉と酒の匂いが充満していたらしい。戦いの前に勝利を祈る時、酒や果物だけでなく牛や羊を殺して列柱の辺りに献げ、勝ったお礼として、敵の捕虜を列柱にしばりつけ犠牲に供し、飲めや歌えの神人共食の夜は更ける。聖なる犠牲として乙女が献げられたり、神の言葉を聞こうとする者が神と通ずるため巫女と交わったとする説もおそらく正しいだろう。

実はこうした血と肉の記憶は白大理石のギリシャ神殿のスタイルに刻まれていて、たとえばイオニア式の渦巻きは犠牲の羊の頭に由来し、柱の礎石の同心円状の形は犠牲に供す捕虜をつないだ縄の形ともいわれる。ギリシャ神殿は、知性と教養の人間中心主義とは正反対の内容に満ちていたのだった。

さて、その神殿の柱の話に戻って、どうしてギリシャ人は、最初の神殿を、地中海地方の恵まれた大理石を使わずあえて乏しい木の柱で支えたんだろうか。ギリシャ人は元をたどると北方の暗い森林地帯から明るく乾いた地中海へとはい出てきた民族で、生命力に満ちた森の信仰と木造建築の記憶を忘れることができなかったから、と言われている。ところがやがて、おそらく木材の欠乏あたりが理由で、木の柱を石の柱に移しかえるようになる。

それが何時のことかはっきりしないし、木造から石造への移行状態を示す遺構も残ってはいない。あとは空想をたくましゅうするしかないが、おそらく当時の建築界にとって一大事だったにちがいない。木から石に変わるということは、いくら形は似せても印象はまるで違ってしまうし、大工が廃業になり石工が天下を取る。伊勢神宮の檜の柱をコンクリート化するようなものだ。そんなエセ神殿は嫌だ、と言い張るギリシャの大工棟梁はどうやって諦めるにいたったのか。

〝根継ぎ〟がきっかけだったんじゃないかと私は空想をたくましゅうしている。木の柱の弱点は接地部分で、ここがまず腐る。法隆寺もそうだが柱の根元が腐るとその部分だけ新材に変える。この根継ぎと呼ばれるメンテナンス技術は今では日本独特になっているが、大昔の木造のギリシャ神殿でも行なわれていて、根継ぎに当たり、入手しやすくて腐らない大理石がはめ込まれ、木の柱に合うように模様が刻まれた。一部だけ石だとどうしてもまじめに木の形に似せないといけないから大理石の肌にノミで樹皮を刻んだり、それらしく色も塗られたことだろう。当然のようにそのうち擬木の上手な石工が現れ、〝ギリシャの左甚五郎〟なんて呼ばれてうれしくなり、最初は腐った所だけ石に変えていたが、大丈夫な柱の上の方まで取り替え、梁に及び、軒にいたり、哲人や大工が気づいた時には手遅れで、いつしか全て石造建築になってしまっていた――のではないか。ギリシャ人だってなし崩しには弱いのだ。

なし崩し的(?)に石造に変えてしまった結果、ギリシャの建築界と思想界には木造に対する深い負い目が残ったにちがいない。〝ジンゴロウテレスの腕にだまされてしまった〟と哲人たちは嘆いた、かもしれない。

ギリシャ人はアーチを知らないから石の大空間を作れなかった。一方、ローマ人はアーチを駆使して水道橋から四十メートル柱なしの大神殿まで巨大石造空間を実現している。石をあれだけ好んだギリシャ人がどうしてアーチを知らなかったかについて、芸術的才ほどには技術的才がなかったと説明される時もあるが、私としては、木造への心理的な負い目が石の技術を全開させるブレーキになっていたんじゃあるまいか、と思うこともある。

かくして木の形が石に伝えられ、石の柱にエンタシスなんて妙な習いが始まったばっかりに、二千年以上してから明治の日本の建築史家が、大仮説を立てる羽目になる。伊東忠太は、明治二十五年、法隆寺の前に立った時、中門の柱のふくらみを見てギリシャ神殿を想った。しかし正確にいうと、法隆寺の柱のカーブは、中ぶくれで、上に行くに従ってジリジリと絞られるギリシャのエンタシスとはちがうから、専門家はエンタシスとは言わず〝胴張り〟と呼ぶ。

忠太は、胴張りの起源はエンタシスという大仮説を証明すべく、ロバの背に揺られ、三年かけてユーラシア大陸を中国からギリシャまで歩いたが、残念ながら証拠は見つからなかった。だから、奈良のバスガイドは言っても、専門の建築史家は口にしない説と今ではなっている。

法隆寺のエンタシス説と正倉院の校倉造りの湿度調節説は、奈良の古建築についての二大俗説で、前者は未だに証明できず、後者は科学的な計測によって間違いであることが明らかとなっている。しかし、私としては、ギリシャの石の柱と法隆寺の木の柱の血縁性はあってほしい。柱というものは石で作ろうがコンクリートや鉄で作ろうが、技術と表現の源は木なのだから。

力強く生命のある本当の板とは？〈割り板〉

庭先に生えているカ細い南天が床柱になるまで何百年かかるか知らないし、だいいち本当にそこまで太くなるんだろうかと疑っていたから、別府で実例（旧国武邸）を確かめた時にはタライ大の揚子江スッポンをはじめて見たのと同じくらい驚いた。千葉でブドウの床柱（旧神谷邸）と出会った時には、モウ、イイカゲンニシナサイ！　こんなものどこから探してきたんダ。日本が、世界で最も豊かな木造建築の伝統を持っていることは確かだけれど、そのぶん病の方だってそうとう根が深いのである。

目的地を見失った床柱の銘木感覚は分かりやすい病だが、ちゃんとした教養のある建築家がデザインした住宅でも、木造の感覚は病んでいるように私の目には映ってしまう。

板が一番病んでいる。プリント合板は問題外として、自然の楢や栗材をスライスして貼り合わせた合板はむろん、ムクのフローリング材でも、割れ一つ節一つすらない。そのうえ、少しの汚れも付かないよう強力な塗装をほどこされているから、ほとんどもう新建材と変らず、木材を原料とする工業製品と化している。これが床板と壁板の現状だが、天井の場合は事情がちょっとちがう。天井板は無塗装だから自然な風合が残っているが、あまりに節目の整った材（秋田杉のナカモクというのが代表格）ばかり選ぶものだから、隣り合う板の目がわずかしか違わず、プリント合板と見まごう。庭の金木犀《きんもくせい》のにおいをかぐと、今の子供は便所のにおい（芳香剤）と思うそうだが、天井板も選りすぐればすぐるほど一番の安物に近づく。

〝均質に〟〝整えて〟この二つを合言葉として日本の板材は進化を重ね、気がつくと、工業製品と同じ表情になってしまっていた。ブドウの床柱も病なら、板の方だって病だ。そうなってしまうにはそれだけの長い長い歴史的な背景がある。

近代以前、建築用木材の中では、板が一番むずかしかった。石の斧でも柱（梁も）の切り出しは可能で、わが国最初の柱は縄文時代に切り出されているが、板となると鉄器が必要で、弥生時代を待たないといけない。柱材と板材には数千年の技術差があるのである。なお、縄文時代に石器で板が作られた可能性が近年でているが、確証が発見されしだい訂正します。

鉄器といっても、最初から製材用のタテ挽きノコギリがあったわけではなく、弥生時代から鎌倉時代までの長期間、ノミとクサビで板を作っていた。丸太の側面にノミで一列に穴をうがちクサビを打ち込み、石を割るように割って厚板を作り、薄板はさらにナタのような刃物でタテに裂いて作った。

タテ挽き用のノコギリは、長くて薄い鋼《はがね》を鍛えるには刀以上の高度技術が必要で、出現は鎌倉時代になるが、その場合でも、労力という点では柱を挽くより板を挽く方がずっと大変で、〃木挽きの一升飯〃なんて言葉が残されている。

長かった割り板時代、板に使える樹種は檜、杉などの真直ぐな針葉樹のうち、筋《すじ》が通りかつ節のないものに限られた。筋が乱れていると曲って割れるし、節があると割れない。おそらく、里まで引き出した丸太のうち板に割れるのは十本に一本ていどだったにちがいない。生れながらの気品と能力を備えた人物に使う〃筋目がいい〃という形容はここからきたのかもしれない。

以上の製材事情を念頭に置かないと、日本でのみ成立した〃銘木〃という特殊世界は分からない。銘木と聞くと読者はまず柱材を思い浮かべるかもしれないが、それは正確ではなくて、銘木界の王者は板。たしかに南天とか紫檀《したん》、黒檀《こくたん》、鉄刀木《たがやさん》の三大南洋材とかの高価な床柱材は素人目には目立つけれど、それらは珍奇だったり流通コストが高いというだけで、材の内容として貴重というわけではない。床柱の場合、節やキズがあっても裏に回せばすむし、柱は板にくらべ狂いづらいから、丸太の中から〃四寸角一間半〃ぶんだけ良材を採るのはそうむずかしくない。

ところが板の場合、割り板時代の遺伝子のせいで筋目の通りと節のなさにどうしてもこだわるから、いきおいトロ化し、巨木から数枚しか取れないことになる。紀州の土居家の欅の床板《とこいた》はベッドを二つ連ねたほどもあったし、埼玉の遠山家（音楽評論の遠山一

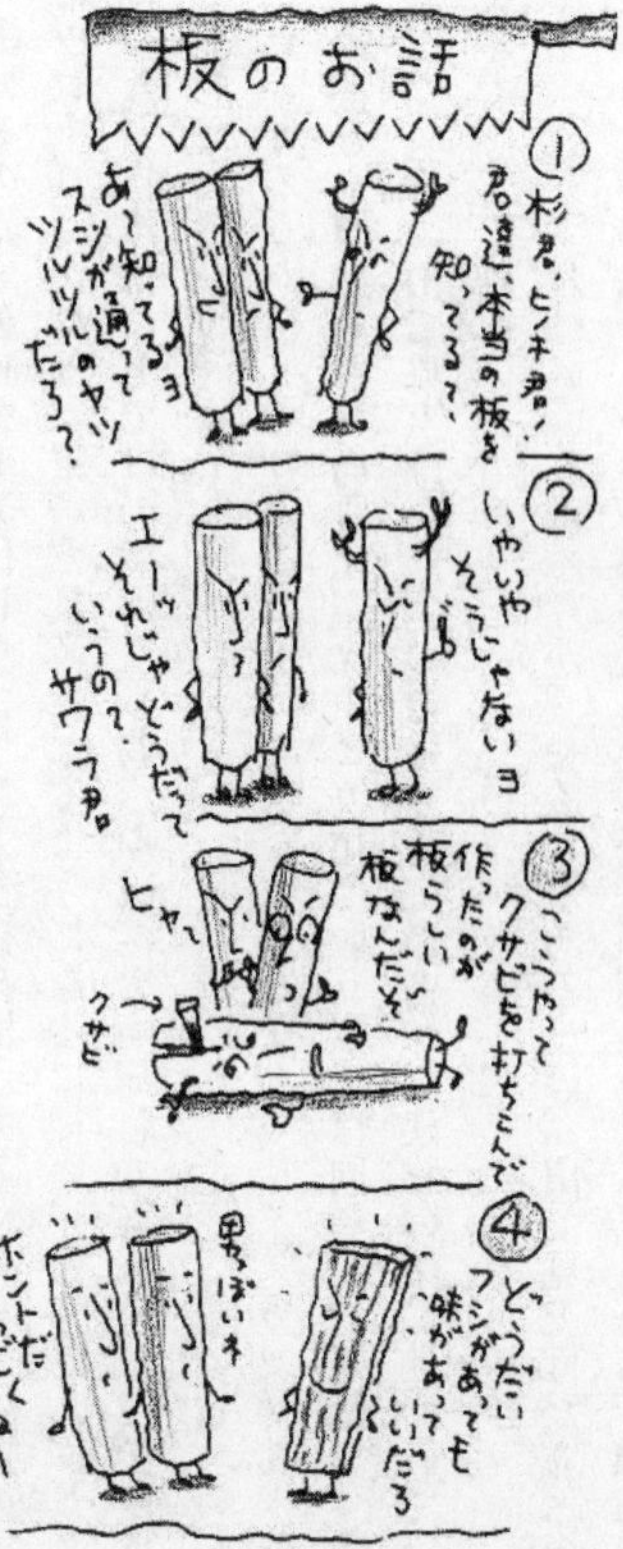
板のお話
①
杉君、ヒノキ君！君達、本当の板を知ってるて、
あ〜知ってるヨ
スジが通って
ツルツルのヤツだろ？
②
いやいや
そうじゃないヨ
エーッ
それじゃどうだって
いうの？
サワラ君
③
こうやって
クサビを打ちこんで
作ったのが
板らしい
板なんだゾ
ヒャッ
クサビ
④
どうだい
フシがあっても
味があって
いいだろ
男っぽいネ
ホントだ
すっごく
いいねー

行さんの実家）のムクの桐のドアーは畳一枚分。中に畳が何枚も入っているような桐の木なんていったいどんな姿で立っていたんだろうか。本当に鳳凰が巣をかけていたんじゃあるまいか。

一方に、割り板時代からの長い歴史の尾を引く無節《むぶし》一枚板の銘木趣味があって、もう一方にその銘木趣味を工業化したプリント合板経済がある。そして中間の本物の楢や栗のフローリング材は、工場で量産されるようになるに従い、どんどんプリント合板へと近づき、自然材ならではの個別性や偶然や破綻を除却して均質化し、塗装されてツルピカ化している。

書いてるうちにイカリがこみ上げてきた。こんなんでイイノカッ。銘木陣営もプリント陣営も中間勢力も、均質化、ツルピカ化という点では同じで、建築界、木材界ぐるみ病んでいる。山で見上げた立木の力強さ、生命力が、建物の中に使われている板からはまるで感じられない。

で、どうすればいいんだろうか。やるしかあるまい。山で見上げた立木のパワーを板に持ち込んでみよう。そう考えて数年前、信州の茅野市に神長官《じんちょうかん》守矢史料館という小さな市立博物館を作った。目に見えるところには工業製品を一切使わないという方針で始めたからたいへんで、ガラスはどうする、ドイツの職人の手吹きガラスにしよう、コンセントプレートは鍛冶に打ってもらおう、そして外面をカバーする大量の板は？　製材所で挽かないとすると、弥生時代のように割るしかあるまい。割ったままの肌を見せれば、立木の味わいは残るだろう。

自家用縄文住居を作って試住したことはあるが、弥生時代の建築技術に取り組むのは初めてである。径一尺未満、長さ四尺ていどの椹《さわら》の丸太を割るのに側面からのクサビの列は不要だろうと軽く見て、木口《こぐち》（切り口）から刃物をたたき込んで縦に一気にベリッと割ろうと考え、ナタ状の刃物を試作し、地元のカクダイ製材所で実行におよんだ。椹の木口に刃物をまず勢よく打ち込んだところまでは予定通りだが、続いて刃物の背を槌でいくらたたいても、キュッキュッとキシミを立ててめり込むばかりで裂ける気配がない。やり直そうとすると今度は抜けない。進むもならず退くもならず。

建築史家の生兵法を興味深げに眺めていたカクダイの親父さんが、進退きわまったのを見て呼んできてくれたのが八ヶ岳の麓の鋳物師《いもじや》屋という集落に住む矢沢忠一老人であった。五十年前まで割り板をやっていたが、戦後は用がなくなったので板金屋に転じ、今は息子に譲って隠居中の身。曲がった腰をさらに曲げて、丸太をまたぎ、古い麻袋より鉄のクサビと木のクサビを取り出した。丸太の木口に近い位置にまず鉄のクサビを打ち込むと、ピッと割れが走る。さらに槌でたたくとクサビはグイッと進み椹の黄みがかった中身がのぞく。次に、鉄のクサビのそばに木のクサビを打って割れを広げると鉄のクサビはコロリと抜ける。その鉄クサビをまた打ち込んで、という作業を繰り返す。

間近に迫る山を背景に、槵の丸太にまたがって鉄のクサビを軽々とあやつる日焼した小柄の老人。その動作に合わせて響く槌の音と割れの走る音。眺めているうちに、平地で始まった弥生人の集落建設の作業を、おそるおそる山から降りてきてじっと見つめている縄文人のような気持ちになってきた。柱にすればただ一本にしかならない丸太が、小さな鉄片一つで何枚もの板に増殖してゆく驚き。春の米の一粒が秋に何百倍にもなるのと同じ不思議。

持病のある矢沢さんは、午前に病院で点滴を打ち、午後に作業し、四カ月かけて四十五坪分の割り板を用意してくれた。そして張り上げられた槵の割り板の壁は、立ち木の時のパワーを充分に発揮してくれた。しばらくして、矢沢さんは亡くなられた。

由緒ある「伝説」のウソ〈校倉造り〉

日本の伝統建築には、いくつも〝伝説〟がある。いずれも日本の木造のすばらしさをほめたたえる内容になっている。

ほめる力は偉大で、どんな娘でも、親が美しい美しいとほめ続ければそれが自信になり、やがて自信が顔にでて本当にそれなりに美しくなってくるそうだ。日本の木造技術建築も、世界一、世界一、と自分たちでも言ってるうちに、本当に世界一になってきたような気がしないでもない。

その証拠になるかどうか、専門的な目で分析すると、日本の木造技術のピークは明治の半ばから大正にかけてなのである。けっして江戸時代なんかじゃない。日本が世界に開かれてから日本の木造は急速に上りつめてゆく。

江戸時代にもし有力町人が普請道楽をしていると、幕府の奢侈禁止令で財産没収だし、武士にはそもそも経済的なゆとりがない。幕府が建物に財を注ぐ余裕があったのは、江戸初期の日光東照宮の造営までだし、桂離宮も、デザイン的にはともかく使われている材料や加工技術からみると安手なものだ。

明治になってようやく、普請道楽が大手をふって許されるようになり、全国からの木と職人をひとつ建物に集中することが可能になった。現在の大成建設の元になった戦前の大倉土木の創始者は、本邸を現・ホテルオークラの敷地に構え、別邸を隅田川の向こうの向島に置いていて、その中に蔵春閣という和風ゲストハウスを明治四十五年に完成させた。それが現在、船橋のララポート内に移築されて喜翁閣となっているが、これを訪れてみると、材料と技の贅を尽くすとはこういうことかと納得できる。明治四十五年に蔵春閣が完成したのは象徴的で、そのころが日本の木造技術のピークだったのである。大工棟梁の世界では、大正四年に始まり大正九年に完成した明治神宮の造営がピークだったと語り伝えられている。日本中の銘木が集められ、全国各地から馳せ参じた腕自慢がそうした木を相手に技のかぎりを尽くした。

明治になってから、日本の木造建築は、〝すばらしい〟〝世界一〟とほめているうちに、本当に現実が追っかけていったのだった。

そういう伝説のひとつについて、今回、検証を加えてみようと思う。それは、

〝校倉造りの調湿能力〟

である。奈良の正倉院の建物は高床式の校倉造りになっている。皇室伝世の宝物の倉で、その扉を開けるには、創建当初はむろん現在でも、天皇の勅許が必要となる。千数百年にわたってそんな決まりを守って維持されてきた宝庫は世界にないから、疑うことなく

世界一。

この世界一の由緒にふさわしい伝説が建物の作りにもあって、校倉造りは、雨の日には木が膨張して隙間をなくして湿気の流入を防ぎ、晴れると収縮して隙間があき中の湿気を逃す、というのである。

高床にして地表の湿気から遠ざけた上で、校倉で調湿する。なるほど、あの珍しい作りは、そういう古人の知恵だったんだと素直に納得する。中学、高校の奈良への修学旅行の時には、ガイドから同じ話を聞いた。しかし、大学の建築学科に入ると、建築史の講義でそんな話は一切出てこないし、教科書にも書いてない。中、高とバトンタッチされてきた〝日本の知恵〟を最終走者の大学は受け取らないのだ。バトンは、グラウンドに放り出されてころがるばかり。

世間の常識と専門家の知識との間の溝に落ち込んで、私なりに考えた。高床の有効性は間違いないが、校倉の調湿能力はどうか。木は確かに湿気によって膨張するが、その膨張で隙間がなくなるためには、ふたつの条件が満たされないといけない。

ひとつは、校倉の校木《あぜき》の性能で、お互いの接触面に凹凸があってはいけないから、まず材は無節《むぶし》（節がない）の柾目《まさめ》、それも使ってるうち痩せないように太い檜材の赤身（芯材）にかぎられる。

もうひとつの条件は、加工の精度で、校木の接触面が完全にピッタリと合わさるよう真っ平らに削らないといけない。

このふたつの条件が整えば、ちゃんと伸びたり縮んだり、すいたり詰まったりしてくれるだろう。果たして可能か。

まず、檜の太材の無節、柾目については、奈良時代なら可能だったに違いない。なんせ、それ以前まで、日本の森は生え放題、育ち放題で、日本中が屋久島みたいなもんだった。縄文杉、縄文檜だらけ。そん中から節目の通った巨木を伐り出して、マグロのトロみたいにいいところだけ使えばいい。次に加工精度については、これはもう日本の大工は世界一の、モウイイってくらいの精度を誇る。板と板を重ねておいたら吸い付いて離れなくなったなんて話はざらな世界だ。

このふたつの条件は奈良時代なら可能だから、世間の常識の方が正しいかもしれない、とひとまず考えたが、建築家の目で実際に正倉院を見学して不安になる。校木はそばでみると大黒柱くらいに太く、当然のように節はあるし、割れや歪みもいっぱい。竣工当初はともかく、数十年したら隙間は開きっぱなしになってしまった可能性が高い。絞りきらないカメラのシャッターみたいなもんで、困ってしまう。

それでも、程度問題だから、閉まらない隙間が一部にあっても、全体としては調湿してくれたのかもしれない。

で、大学の三年生のとき、建築環境学（空調）の教授にこの疑問をぶつけてみると、

タカラモノは
校倉造りの
蔵がいいって
聞いたけど
ホント？
ポチ
宝蔵庫

一冊の本を渡してくれた。同じ様な疑問に悩み、正倉院の内と外に湿度計を据えて、計測した空調学者がいたのだ。戦後のことで、戦前ならそんな〝不敬〟は許されなかった。で、結果はどうだったか。

結果はコレコレと書いて原稿を渡したら、編集者から〝データを示して欲しい〟とのFAX。湿度計測のデータなんか一般読者に示しても専門的すぎると思って省いたのだが、考えてみれば私は大学の教授。

データをお見せしよう。

冬なんか中の方が湿度は高い。それよりなにより、年の平均湿度は七十六パーセントを越えており、現在の博物館では失格。春と秋は下がっているが、肝心の梅雨時はわずか一パーセントの差。全体の数値の動きをみると、ふつうの木造家屋と同じになっているだけのことで、校倉の効果はない。

校倉の働きは、乾燥状態を保つというようなもんじゃなくて、外が雨になると、すぐは大丈夫だが、しばらくすると室内の湿度も増してきて、やがて外と一緒になる。外が晴れても、内には湿気がこもったままだが、しばらくすると、抜けていって内外一緒になる。この「しばらくすると」が働きなのだ。

外の変化が遅れて内に伝わる。

考えてみれば、あれだけの大きさの建物を隙間無しに造るなんて不可能だし、いくら校倉にしたって、床板もあれば屋根板もある。屋根板の上には土が敷かれて瓦が載っている。

伝説は伝説に過ぎなかった。しかし、正倉院の校倉が湿度対策として無意味かというと、そうではない。外界の湿度変化を遅らせて中に伝える働きはしている。この能力は、現在、博物館建築関係者の間では注目されている。日本の絵や漆器や仏像のような植物質の文化財にとって本当にこわいのは、高湿度よりも湿度の急激な変化の方なのだ。木は湿度が増しはじめると空中の湿気を吸収し、乾きはじめると湿気を放出するというやり方で、変化をゆるやかにしてくれる。木の量が多ければ多いほどゆるやかになる。

正倉院の校倉造りがすぐれているのは、伸び縮みじゃなくて、校木《あぜき》の太さによる調湿能力なのである。

正倉院の温度と湿度

月	温度（℃）校倉内	温度（℃）八幡境内	湿度（%）校倉内	湿度（%）八幡境内
1	4.1	4.5	84.0	82.0
2	3.2	3.7	83.0	81.0
3	6.5	7.6	71.0	72.0
4	11.0	11.8	74.0	75.0
5	16.0	16.1	70.0	73.0
6	21.4	21.4	74.0	75.0
7	22.7	23.8	86.0	88.0
8	25.9	26.0	76.0	81.0
9	22.6	22.4	75.0	81.0
10	15.0	15.0	77.0	81.0
11	10.9	11.7	76.0	82.0
12	5.7	6.5	73.0	77.0
平均	13.7	14.1	76.5	79.0

『建築学大系』22 室内環境計画（彰国社・1957年）より

自然と人工の境界線〈茅葺き〉

十数年前の夏休み、家族で田舎に帰っている時、マがさして、〝自家用縄文住居を作ろう〟と、思い立ってしまった。子供の頃より石器や土器を作ってきた延長上で、いずれくる道とはかねて知りながら昨日今日とは思わざりしを、思い立ったが吉日で、嫌がる中学生の娘は家に残し、小学生以下の子供三人を連れ一家五人で山に向ったのである。

山の付け根の畑の大きな胡桃の木の下を卜《ぼく》して、四畳分ほどの面積を浅く掘り下げた。キャンプの経験から、カマドの分を除いてもこのくらいの面積があれば一家の寝食が可能だからだ。つぎに山に入り、柱用の四本の丸太と梁用の四本を伐り出す作業にかかるが、四畳の家の骨組に必要な太さなんて知れたもので、径十センチ弱の立木を八本伐って完了。骨組の上に置く垂木《たるき》とその上に水平に渡す枝は数が多くて面倒だが、雑木の森には下生えとしてヒョロ長い楢や楓がたくさん育っており、四時間ほどで伐り終える。以上の材はもちろんナタで伐った。だから四時間ほどで済んだわけだが、これが石器しかない縄文時代ならどのくらいかかっただろうか。研究によると石の斧は鉄の斧の四分の一の能率というから、もし石で切ったとすると四×四＝十六時間になり八時間労働でも二日間あれば家の骨組が入手できる勘定になる。隣の縄文オヤジに手伝ってもらえば一日で済む。

縄文住居なんて誰でもすぐ作れる。

はずだったが、しかし、建設作業は予想外の伏兵に悩まされ、立ち往生を余儀なくされた。

屋根に何を葺《ふ》いて雨露を凌《しの》ぐか。子供の頃から簡単な凌ぎ方をいくつも見ている。秋の稲刈りが終ると冬越の準備に入るが、その一つとして庭先に仮設の作業小屋を作る。私の家はやらなかったが、年寄りのいる家はたいてい作っていた。四畳半ほどを画して、浅く一尺ほど掘り下げ、ワラを並べムシロを敷く。柱は立てず、左右から細身の丸太を立てて上で交叉させて縛り、これを骨組兼垂木として、その上にワラの束を下から順にくくりつけて屋根を葺きあげ、入口にはムシロをつるしておしまい。

キャンプ用縄文住居ともいえる作りで、二日あれば完成し、翌日にはワラなどを持ち込み、冬の縄ないやムシロ織りに備えるのである。

もっと簡単なのは、山仕事の人が山奥に作るもので、畳一枚分ほど細い丸太を斜めに並べて立てかけ、その上に白樺や杉の生木の皮をはいで並べ、小枝で押さえるだけ。おそらく数日の仮の宿で、作っているのを見たわけではないが、五、六時間で仕上がりそうで、竪穴の縄文住居が成立する以前の古い古い住まいの作り方を伝えているにちがいない。

ワラにせよ樹皮にせよ、植物で屋根を葺くなんて簡単だとタカをくっていた。茅《かや》を切ってきて、しばりつければいい。

私の田舎は長野県茅野市というくらいで茅は野にいくらでも生えている。で、刈り取りにかかった。茅はボーボーと株立ちしており、その脇に立ち、左手で一握り分を握り、カマで根元を刈り取る、と書くと簡単だが、バラバラと株立ちする根元の茎を一握り分にまとめるのが意外に面倒で、ここに時間がかかる。

握って刈って脇置きを繰り返すとやがて一抱え分になる。それを子供たちが二人一組で運ぶ。四時間ほども作業して山と積まれた茅を屋根の上に葺いてゆくのだが、下の方を少し葺いただけですぐに茅の山は消えてしまう。原因は単純で、葺くに当りギュッと圧縮するから、体積は三分の一ほどに減じてしまうのである。

一日かかって刈り取った茅も、四畳ほどの縄文小屋に葺くとわずか十センチに満たない厚みしかなく、中に入ると青空が透けて見える。疲れはて、そこでうち止め、一夜を過ごしたが、幸に雨は降らず、露は凌げた。しかしすき間だらけだから、蚊の襲撃は防げず、一晩中、時々起きては炉に生木をくべていぶし続けるしかなかった。火が絶えるとワッと入ってくる。

茅葺き屋根は
火事が恐い

雨を凌ぐには厚さを三十センチ以上にはしないといけないが、もっと大きい本当の縄文住居を葺くとしたら何日も何日も茅刈りに時間を取られることだろう。それも、鉄のカマがない時代なのだ。石の刃で茅が刈り取れるかどうか心配だが、もし可能としても何倍も時間がかかるはずだから家一軒分に数週間かかったにちがいない。

量をなめてはいけない。木を伐ったり、穴をあけたりすることにくらべ、茅を刈ってきて葺くという技術は質が低く誰にでも出来るが、量が柱や梁とはくらべものにならない。茅は小山のように、人出は祭りのごとく必要になる。

その昔、日本の村々では、家の建設に当り茅葺きだけは扱いが別だった。木を刻んだり壁を塗ったりは、新築する家の当主が今日と同じように大工や左官を雇って賃金を払った。しかし茅葺きだけは、村の茅山で何十年もかけて刈り集め、必要量がたまったところで、村人が総出で葺きあげる。

縄文人たちは木を伐るのも組み立てるのも家造りのすべての作業を共同で行なっていたと思われるが、少し前まで田舎で日常的に行なわれていた村人総出の茅葺きは、そんな縄文時代から唯一つ生き残った家造りの伝統にちがいない。

日本の民家の茅葺き屋根が、五千年前の縄文時代と本当に連続しているかどうかは証明のしようもないが、現在、茅葺き屋根の残存率が日本一で知られる京都府南丹市美山町を訪れると、その急傾斜な入母屋《いりもや》造りの姿といいたたずまいといい、縄文住居の屋根を地上に持ちあげただけのものであることを誰でも納得するだろう。

茅葺き屋根というのは、姿形や技術はむろん、村人が集って共同で作業するという作り方の点でも、縄文時代から延々と続いているにちがいないのである。

茅葺きの民家が山間に群れる様を見て、キノコのようだ、と述べた建築家がいたが、本当にその通りだと思う。しかし、注意してほしいのは、キノコという菌類の見た目に映る特性で、他の草花とはちがい、形が自己完結していて成長や増殖を感じさせないし、たての支柱と水平の笠という力学的構造が露出して、そうとうに人工的で建築的だ。菌類の世界でいちばん建築的なキノコと建築の中でいちばん自然に近い（草を重ねただけという意味で）茅葺きが似ているのは当然なのかもしれない。

茅葺き屋根は、自然と人工の境界線の人工側ギリギリに自然側のキノコと肩を接して立ち、歴史の上でも日本人が最も自然に近かった時代のあり方をとどめている。そういうわけだから、たとえば私が山や川や木や草に思いを馳せて建物を作ろうとすると、当然のように茅葺きの採用を考えることになる。

そして、翌日つまずく。ふつう言われるように、職人や材料が不足しているわけではない。あれは言い訳で、職人というものは仕事さえあれば生れてくるし、茅も刈る人さえいればいくらでも生えてくる。刈れば刈るほど良いのが育つ。耐久性もけっこうあって、三十年から五十年というから工業スレート製品や鉄板に劣らない。にもかかわらず翌日つまずくのは、火事の問題である。たいていの敷地では使えないし（周囲に十メートルのゆとりがあればいいが）、使える場合でも、火事のことを考えると慎重にならざるをえない。

実際、私が設計した美術館であれこれ考えたが、燃えない茅葺きは無理であった。

縄文人は、燃えて困るようなものを持っていなかったんだろうか。

その昔、屋根には花が咲いていた〈芝棟〉

今回は、日本の民家の屋根にまつわる奇妙な風習について考えてみたい。

頭の上に草を生やして歩いている民族がいたら大笑いだが、それと似たようなことを、実は日本の民家はやる。芝棟《しばむね》という風習で、草葺き屋根のテッペン（棟）に草を植える。枯れ草（茅）に生きた草の組合せでこれこそまことの草葺き。植える草は野芝が主だから芝棟と呼ぶが、イチハツ（小型のアヤメ）とイワヒバも広く見られ、意外なものではユリ、松、アスパラガス、などなど、乾燥に強い植物なら何でもありだ。先ごろ、〝芝棟の最後の宝庫〟として一部に知られている岩手県の一戸から青森県の八戸までを探訪したら、ニラの白い花がまっ盛りだった。

なんでテッペンに草を植えるかについては、棟の位置は馬の背のように茅が両側に分かれるので、草の根の力でしっかり固めるため、という説があるが、ユリやニラにそんな効果があるとも思えないし、だいいちもっと簡単な方法がいくらもなされているではないか。私が聞いた説に、棟が乾かないようにというのがあったが、屋根が乾いて何が困る。

こうした理由にならない理由しか伝えられていない風習というのは、たいてい、今日では思いもよらない昔々の事態の名残である。試しに百年ほど昔に返ってみよう。明治初期の東海道の宿場の写真を見ると、箱根からこっち（関東）の宿場の屋根はほとんど芝棟。高度成長前の調査によると、東日本は雪国をのぞいていたるところ、西日本にいくに従い少なくなるが、それでも九州まで点々と分布した。こういう奇妙な風習は時代がたつにつれて消えてゆく傾向にあるとするなら、時代をさかのぼるに従い、芝棟の分布密度は濃くなるわけで、日本の屋根という屋根のテッペンには草が生えていた時代があったんじゃないだろうか。

もし、こうした風習が今日も残るのが日本だけなら、本当の理由を探る途も絶えるが、さいわいフランスの大西洋側の地方にもあって、そのたたずまいといいイチハツといい日本の芝棟とウリ二つなのに驚かされる。ユーラシア大陸を間にはさんで、屋根に草の載る地域が二つ。どういうことなんだろうか。

ギリシャの石の柱と法隆寺の柱の類似とか、ユリシーズと百合若大臣の共通性、などなどユーラシア大陸の両端を結ぶ話はけっこうあるが、フランスの一地方と日本ではあまりに孤立の度がはげしくて、つなぎようがない。現在日本で芝棟密度が一番高いのは一戸から九戸にかけてで、この地域とヨーロッパを直結する伝えとしては、キリストが戸《へ》来《らい》という村に来て死んで墓があるというスゴイのがあるが、まさかキリストが芝棟をもたらしたとも思えないし、義経がジンギスカンになり、そのヨーロッパ遠征軍が、なつかしいみちのくの芝棟をかの地へと……。

先に見た一戸の芝棟では、長い間にニラの種がテッペンからこぼれ落ちたらしく、茅葺きの裾の方まで清楚な白い花が咲いていたが、もしかしたらずーっと昔は芝棟がずーっと下の方まで広がっていたんじゃないだろうか。この想像はけっこう派手で、日本の屋根という屋根には花が咲いていた時代があった。

この想像を足掛かりとして飛びはね、ユーラシア大陸を見渡すと、面白い事実が見つかる。一つは、スカンジナビア半島で、ノルウェーの民家では白樺の樹皮を葺いた屋根面に土をのせ雑草を生やす習慣が今も生きているし、発掘例によると古代の竪穴住居は同様の技法で草に包まれていた。もう一つは中国の殷墟の住居跡。日本同様に浅い竪穴に木造の三角屋根をかぶせているが、その屋根は土でくるまれていたことが発掘で確認されている。中国の考古学者の殷墟住宅の復原案を見ると、土を露出させているが、これはおかしい。土に草の生えないわけはないし、土が雨に流されないためにも草を植えていたはずだ。

日本の発掘では、北海道の釧路で、身の丈以上の深い竪穴に屋根をかぶせ草を生やした例があるし、東北地方では屋根に土の載っていた竪穴式住居が発掘されている。

スカンジナビア、殷墟、東北・北海道、この三点をつないで考えるなら、ユーラシア大陸の北半分の冬の厳しい地域では、竪穴住居の屋根の上に土を載せ、草を生やし、寒さを防ぐ伝統がかつてあったんじゃないだろうか。もっと北では氷の家に住んでたくらいだから、これくらいやって当然の工夫だろう。

北方の冬の厳しい風土の中で原始人が工夫したのが枯草を厚く葺く竪穴式住居であることはよく知られているけれども、ハードボイルドの竪穴式というのは葺いた枯草の上をさらに生きた草で仕上げていた、と考えるべきではないだろうか。

こう考えると、日本の芝棟分布において雪国には無い、という理由も分ってくる。雪国の冬は、よく知られているように、屋根ぐるみスッポリ雪に包まれるおかげで、そう寒くはない。雪が草の代りをしてくれる。青森県でも、日本海側の津軽にはなくて、太平洋側の戸のつくところに多いのも納得できよう。

こうして北方に出現した二重草葺きの竪穴住居は、その後、南方に広がるに従い、あるいは気候の温暖化のおかげで、またさまざまな防寒の工夫により、必要がなくなり、まるで春に山の雪の溶けるように（いいたとえだナア）、しだいに屋根の裾の方から消えてゆき、最後に峰にだけ残った。

〝君知るや、芝棟は春の富士〟

以上の話を正しいとして、ではいつ頃まで日本の竪穴式住居は草にすっぽり包まれていたんだろうか。この問題は実に難しいが、竪穴式が全盛した縄文時代が終った以後も、

極端にいえば
竪穴式住居だって
こんな感じの
芝棟だったに
違いない

冬の厳しい地方には長く残り、飛鳥時代くらいまでは続いていたんじゃないだろうか。

たとえば、『日本書紀』には、東国の蝦夷《えみし》について、

「夏は橅《す》に宿《ね》、冬は穴に住む」

と書かれている。この言い方は、大和朝廷の使節団が中国に蝦夷を連れて行った時の説明で、中国が北方の蛮族の北狄《ほくてき》を形容するやり方を転用しただけで事実ではないとする説もあるが、北狄と蝦夷の北方的環境は似ていたわけだし、蝦夷が穴に住んでいるように大和の人の目に映ったんじゃあるまいか。蝦夷のことを土蜘蛛なんて形容しているのも同様だ。

しかし、当時の東国の住民が本当の穴に住んでいた証拠はない。横穴に住んだのはもっと前のマンモスを追っかけていた頃だし、竪穴式住居もタテの穴とはいうけれど、ごく浅くて、とても穴とはいえない。にもかかわらず、どうして大和の目、おそらくヤマトタケルの東国遠征軍の目に、蝦夷の住む竪穴式住居が穴に見えてしまったんだろうか。

当時、大和にも竪穴式住居は多く、普通の人々は竪穴式に住んでいたわけだから、自分たちと同じ作りの竪穴式を「穴」なんて馬鹿にすることはできない。

蝦夷の竪穴式の屋根には大和とちがって草が生え、まるで地面が一部盛り上っているように見えてしまったのだ。そうした状態の住居から出撃して、追われれば逃げ込む勇猛で敏捷な蝦夷の姿はほとんど土蜘蛛のようだった。

これが、おそらく縄文時代の寒冷地の竪穴式住居というものの本当の姿にちがいない。これまで各地の遺跡で行なわれている家屋の復原や、教科書に載っている縄文時代の村の姿の図は、ちょっとキレイゴトすぎるように思う。草葺き屋根よりもう一歩踏み込んで草生え屋根こそ、日本列島の住まいの原型だった。

と、さんざん語った後、ちょっと不安が生じた。そんな湿度百パーセントに近い環境の中に住んでいて、体は大丈夫だったんだろうか。乾燥する冬はいいとして、高温多湿の夏は家中カビだらけ。『日本書紀』の言うように「夏は樔《す》に宿《ね》」であれば心配いらぬが、たとえ巣（立木などに枝を差しかけた仮設の住まいのことか）に移らなくても、健康さえ気にしなければ大丈夫だったのではあるまいか。竪穴式住居の中では、火を絶やさぬため、夏でも炉には火が燃えており、そのおかげでけっこう乾燥していた可能性がある。堀辰雄も、軽井沢の別荘が湿り気味の土地に建っていたので、夏でも朝から煖炉の火を燃やしていたというではないか。結核にはなったが。

フランスのシバムネ・ハウス〈芝棟〉

芝棟《しばむね》についてふたたび。

「棟」という一語が建物を造る上でいかに大切かは、「上棟式」とか「棟梁」とかの用語で分かる。日本では古来、屋根のてっぺんに棟木を上げることをもって建物の完成とした。床を張ったり、屋根を葺いたり、壁を塗ったりなんてどうでもよくて、とにかく棟を上げるところまでこぎつければ、出来たも同然。その上げられた棟の梁のように重要な人物のことを「棟梁」と称した。

日本の建築界では、かように大事なその棟に芝草を植える習慣が大昔からある。茅葺き屋根の棟に、野芝、イチハツ、イワヒバ、ユリ、ニラ、などなどを植えて飾りとする。五月の節句の頃、茅葺きの屋根のてっぺんで、青空を背にイチハツ（矮性のアヤメ）が横一列に紫色の花を咲かせ、その脇をコイノボリが泳ぐ様はすばらしい。マサカ屋根の上でアヤメの花が、と疑う人は水戸の黄門様の別荘の西山荘に出かけてほしい。今でこそ東北地方を中心に百棟あるかないかだが、戦前までは全国各地の茅葺き民家に広く根づいていた伝統の造りなのである。

茅葺きのてっぺんに花を咲かせるような伝統は日本だけにしかない、と長らく思ってきた。ところが、フランスにもあることが分かった。で、一昨年、昨年と二度探訪した。

自宅の屋根にタンポポを植え（タンポポ・ハウス）、知人の屋根でニラを咲かせ（ニラ・ハウス）、時には松（一本松ハウス）や椿（椿城）さえ植えてきた私としては、なぜかユーラシア大陸の両端にのみ息づく芝棟に心を寄せないわけにはいかない。こんなに奇妙で不思議な現象を、どうして放っておけようか。

で、一昨年、フランスに出かけた。目指すは、ノルマンディー地方のマレー・ベルニエールという農村。フランスの民家写真集にこの村の芝棟の写真が一枚載っていた、というだけが根拠。現場の案内は私の研究室からパリに留学中の安田結子さん。

列車に乗りパリからセーヌ川沿いに下り、中世の面影を残すルーアンに着く。そこからタクシーでさらにセーヌ下流域の平坦な田園地帯を走るが、結局目的地には行き着けず、途中で地元のタクシーに乗り替え、ようやく目的地に着いた。パリから四時間。

村で一軒の居酒屋兼レストラン兼宿舎の前で降り、一本道を歩き始めると、すぐ左手に茅葺きの小さな納屋が現れ、てっぺんには緑が生えている。貧相だが芝棟に間違いない。気持ちがせいて、足早に近寄りながら、一本道の先の方に目をやると、右に一軒、二軒、左にも二軒、三軒、点々と芝棟の屋根がのぞいている。うれしい。来た甲斐があった。一本道を先まで行ってみた結果から言うと、この村のほとんどすべての建物は、住まいも納屋も家畜舎も芝棟だったのである。

写真一枚が根拠で訪れたのだが、結果的には大当たりで、ノルマンディー地方でも最もよく芝棟が保存されている村だった。村の特産はリンゴで、枝からもぎ取って取り立てを食べると、そうとうスッパイ。大きさも味も色も昔の紅玉に近い。食用というよりはリンゴ酒用で、フランスでも屈指のリンゴ酒の村として知られているという。その富があるから、こうして誇りをもって昔の姿を維持することができるのだ。

村の芝棟はすべてイチハツ。イチハツの脇に巻絹《まきぎぬ》が植えられている場合もあるが、よく見ないと分からない。日本のイチハツの例と比べると、屋根だけ写せば区別がつかないくらいに似ている。ユーラシア大陸の両端に、奇妙な造りの民家が一卵性双生児のように残っていた。おそらく、人類がマンモスを追っかけてユーラシア大陸を移動していた古い古い寒い寒い時代まで遡る血縁関係なんだろう。

以上が一昨年のこと。昨年はどうしたかというと、パリの近郊に出かけた。大勢の観光客に混じって出かけた。なんせ、行き先はベルサイユ宮殿。太陽王ルイ十四世がフランスの富を傾けて造営した世界一の宮殿建築と広大な庭で知られる。二代後のルイ十六世の王妃マリー・アントワネットが贅沢三昧の宮廷生活を繰り広げ、その果てにパリの広場に引き立てられて断頭台のツユと消えたことでも知られる。漫画の『ベルサイユのばら』でも知られる。

そんな恥ずかしいところに芝棟探偵が何しに出かけたかというと、ある一つの疑いがあったからだ。もしや……ではあるまいか。

宮殿の中は足早に通りすぎ、南側のテラスに出る。テラスの前方には芝と木立と水による広大なフランス庭園が広がるが、そっちはどうでもいい。この前来たとき、果てまで歩いてひどい目に遭った。直線で歩いて、往復二時間。

テラスから西に折れ、森の中を進むと、コツ然と視界が開け、片田舎が現れる。川が流れ、ほとりには水車小屋が建ち、池が広がり、畑があって農家が立つ。柵があるのは家畜小屋。煙突の立つのは住まいだろう。いずれの建物も壁には石が粗く積まれ泥が塗られ、屋根には草が葺かれている。

森の中を歩いているうちにいつしか宮殿の敷地の外に出てしまっていたのだ。ではなくて、この〈アモー〉と呼ばれる小さな村こそ、ベルサイユ宮殿の中でマリー・アントワネットが最も好んだスポットにほかならない。宮殿本体はルイ十四、十五、十六世の造営になるけれど、この村は彼女が自らの好みで作らせたのだ。

宮殿の儀礼と虚栄の日々に疲れると、彼女はここに引きこもり、村娘の姿になり、乳しぼりをした。乳しぼりはしなかったという説もあるが、きっとした。コスプレはしてみると分かるが、アクションをせずにはおられないものなのだから。

ここまで書けば、「もしや……ではあるまいか」と私が疑った理由は分かっていただけただろう。村娘のマリーさんが乳しぼりに励む家畜舎の草葺き屋根のてっぺんには、もしやイチハツの花が咲いていたのではあるまいか。

答えは

〝アタリッ〟

大当たりだった。アモーの中のすべての建物とはいわないが、三、四棟にはイチハツの花が咲いていたし、かつてあったと覚しき痕跡のあるのも含めると、主な建物は芝棟で飾られている。

こんなことに興味をもってベルサイユを訪れた者が私以前にいるとも思えないから、マア一応の発見と言っていいだろう。

これで世界の有名人のうち、二人の人物がイチハツの芝棟の家に住んでいたことが明らかになった。西山荘の水戸黄門とベルサイユ宮殿のマリー・アントワネット。二人は芝棟兄弟だったのである。

兄弟と書いてから、フト不安になった。マリー・アントワネットが姉で黄門さんが弟だったらどうしよう。人名事典で調べて、安心。黄門さんの方が百二十九歳年上でした。

II　アッと驚く!!　住宅建築の技

家は夏をもって旨とすべし〈住宅〉

日本は四季があってよろしい、ということに世間ではなっている。春は咲く花、夏は海水浴、秋の紅葉に冬スキー。たしかに日本ほど季節が折り目正しく移り変わる国も少ないだろう。そのおかげで、日本人の自然への感覚も研《と》ぎすまされ、季語を不可欠とする五・七・五も生まれたのだが、逆にいうと、夏の暑さと冬の寒さの差が激しすぎる。とりわけ夏はたいへんなものらしく、私のところにインドネシアとフィリピンから来ていた二人の留学生が、アジア一と太鼓判を押してくれた。その昔、吉田兼好が「家は夏をもって旨とすべし」と書いたのには、ちゃんと理由があったのである。

夏は熱帯、冬は寒帯、足して二で割るとようやく温帯になる。

寒暖の差が激しい地域の住まい方として、夏と冬の家を別々に作るというのがある。たとえば、世界遺産に登録されたトルコのサフランボルの町が名高い。冬の家は谷間にあって、寒風を妨ぐ。夏の家は山の高いところに立地し、開放的な作りの板の間になっていて、山の涼風が吹き抜けてゆく。季節ごとに移動した遊牧民時代の名残ともいうが、もしそうなら、かつてはユーラシア大陸の広い地域の習慣であったはずだし、マンモスなんかの大型獣を追っていた旧石器時代の人類は、夏用の場と冬用の場を使い分けていたにちがいない。

隣の朝鮮半島の伝統的な家は、冬向きの部屋と夏向きの部屋の二つに分かれている。冬用は狭く、窓も小さく、壁を厚く塗り、床はオンドル。日本人が初めて泊まると、敷き布団ごしに背中が熱くて、夜どおし寝返りをうちながら朝を待つことになる。夏用は、トルコと同様に広い板の間で、南北両側を全面的に開け放つことができるから、木陰で暮らすように快適。お膳での昼食の後、ゴロッと横になれば、気持ちよく昼寝ができる。

足してようやく温帯の日本列島では、住まいを使い分けるこうした習慣はなかったんだろうか。私は子供の頃、古い茅葺きの民家で暮らしていたが、使い分けた記憶はないし、話に聞いたこともない。兼好法師も、夏のことしか言ってないから、冬はガマンしてたんだろう。明治天皇は、真冬でも火鉢を三つ以上は使わなかったそうだ。もちろんコタツはなし。天皇にコタツは似合わないが。

日本の家は、冬の寒さに対しては建築的努力はせず、コタツとか着ぶくれで済ませてきた、というのが定説。

大筋はそう考えていいのだが、しかし、ある時代までは夏の家と冬の家を使い分けていた可能性がある。近年になって、そう考えた方がいい証拠がいくつもでてきたのである。

たとえば、北関東には噴火で生き埋めになった集落の遺跡がある。厚い灰の下から出現した村の家々の様子を見ると、食器や生活用具は家の外に置かれている。野外で火を焚き、野外で調理して食事をしていたばかりか、どうも寝るのも外だった可能性もある。竪穴式の家はあるのだが、その中に生活の痕跡がないのである。暖かい季節は外で寝起きしていたと考えることができる。

竪穴式住居の本家縄文時代ももちろんそうで、竪穴の真ん中に石を組んだ炉があるから土器や石器も周りにあるだろうと私たち素人は考えるが、考古学者に聞くと、ほとんどは家の外から出てくるそうだ。

よく地方の博物館に行くと、縄文時代の生活が復元してあって、炉の火を囲んで家族が座り、地面には土器や石器が置かれ、柱や梁には食料や諸道具がかけられ、まことににぎやかで楽しげに演出されているが、遺跡に見るかぎりそんなことはなかった。現代の家庭の光景を反映したに過ぎず、実際は、冬の寒い日や大雨の時に寝る場所でしかなかった可能性も否定できない。少なくとも、今の家のように、年中その中で暮らすようなしっかりした存在じゃなかった。

縄文時代のわれらが御先祖様は、とりわけ冬寒い地方では、夏は鳥のように巣に住み、冬は熊のように穴に住んでいたんじゃあるまいか。鳥の巣といっても、スズメやカラスじゃなくて、コウノトリや大ワシのように、その辺にいくらでもあった巨木の枝分かれ

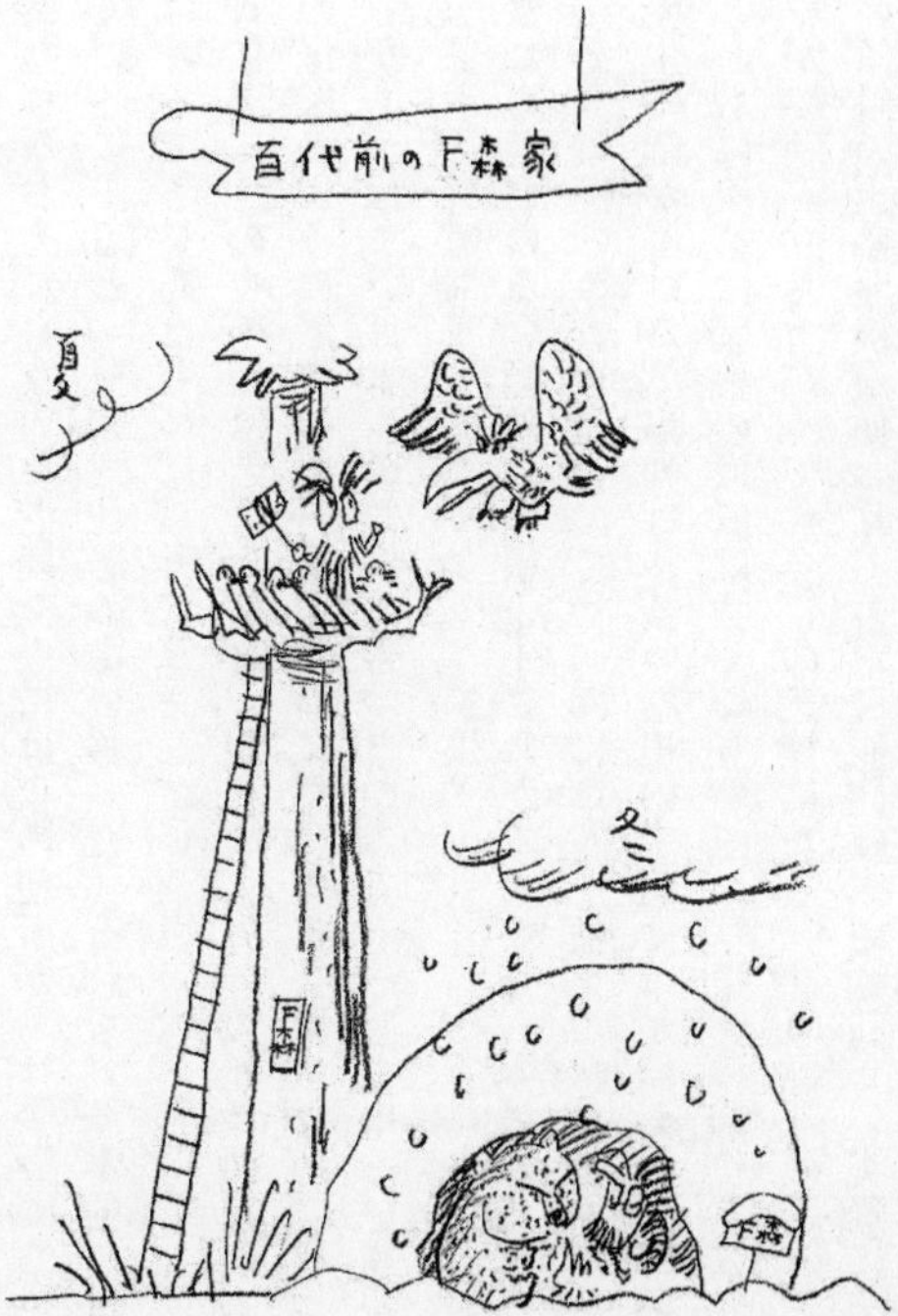
百代前の下森家
夏
冬
下森
下森

する低い位置に丸太を差し渡して小枝を敷いて床とし、草で屋根を軽く葺いて雨露を凌《しの》いでいた。寝るときだけだから、広い必要はない。木の上なら涼しく、蚊も来ないし、猛獣に襲われるおそれもない。老縄文人には夜の便所がちょっとつらいが。

そして、冬になると、竪穴式住居の中に移った。それも、基本的には夜になって寝るときだけ。冬でも昼間はもっぱら外で暮らしていた。

竪穴式住居は冬の夜のためと考えると、現在の大方の復元は間違っている。その後の草葺きの民家のように屋根の傾斜をあんなに急にする必要はない。座ったり寝たりに必要な高さがあればよい。本当の傾斜はもっとゆるく、そしてゆるい屋根面には防寒のため土が盛られ、草が植えられていたにちがいない。

土が盛れるほどゆるい傾斜の屋根――これが本当なら、本書八一・八八頁で取り上げた芝棟、そう、例の茅葺き屋根のてっぺんに草花を植える日本とフランスに残る奇妙な風習の発生の謎が解ける。当初はゆるい屋根の全面に草が植えられていたのだが、生活の充実とともに次第に屋根の傾斜は強くなり、その結果、棟の位置にしか植えられなくなり、やがて壁が立ち上がって、今日の芝棟になる。

ゆるい傾斜の土盛屋根が使われていた可能性は極めて高く、実際にそういう縄文住居の復元も実現しているが、しかし、けっしてそのような復元が広がることはないと思う。なぜなら、復元の事業費を承認する議員先生はじめ各地の大半の人は、そんな土蜘蛛みたいな御先祖のイメージを好まないからだ。

しかし、ものは考えよう、イメージはしようだ。木の上に住むのはトム・ソーヤの仲間のハックみたいでかっこいいし、なだらかな起伏の中にところどころポコッポコッと草の生えた屋根が持ち上がっている縄文集落の光景というのもエコロジカルではあるまいか。

「夏は橅に栖《す》、冬は穴に住《ね》む」のが、二十一世紀の最先端の住まいにならないとも限らない。そんな気持ちの揺らぎが、現代のもの想う人全員の中にないとは言えないのだ。

シック・ハウスの代わりにシックイ・ハウスを！〈建材〉

この項は、〝目から涙の建築学〟である。

数年前に今の家を建て替えるまで、二十年近く住んでいたプレハブ住宅は、台所に入ると、鼻がヒクンとした。食器棚のガラス扉を開けて、顔を近づけると、目に涙がにじんだ。茶碗や皿に格別な思い入れがあったわけではなくて、単にホルムアルデヒドが涙腺を刺激しただけ。

その食器棚は白いメラミン板を内外に張った作りで、汚れはしみないし、見た目にも清潔そうでなかなか良かった。ニオイはきついがそのうち抜けるだろう、と思って放っておいたら、結局家を壊すときまで抜けず、二十年間におい続けた。

このことがあったので、数年前から専門家の間で室内が化学物質で汚染されたシック・ハウス（病んだ家）の話が出始めたとき、ハハン、アレダナ、と思った。そして、ジャーナリズムは一斉に取り上げるし、住宅メーカーも〝健康住宅〟をうたい文句にしだした。この一斉にというところがミソで、マアソノ、ナントイウカ、経、財、官、学の諸関係方面の皆様方が集まってあれこれ論議してきて一段落し、いよいよ真相の解禁というわけである、と私はニランでいる。

こういう話には、まずオドシがある。こんなにヒドイんだぞと。

たとえば、どんな悪い化学物質が建材から放出されているか。食器棚をはじめ、現代の家具の定番材料のメラミン板からはホルムアルデヒドが、壁紙のノリからはキシレン、トルエンが、その下地の合板からもホルムアルデヒドが、というように数えあげればキリがない。コンクリートだって関西では放射性物質のラドンが漂い出て、京都駅に降りて町に出たとたんガイガー・カウンターが鳴り始めるとさえ言う人もいる。砂利として使う風化花崗岩の中にラドンが多く含有されているのが原因。

そうした悪玉がわが日本ではこれまで野放しにされてきた。確かにその通りで、塩ビ壁紙なんかこの方面に敏感なドイツや北欧では製造されていないのに、我が国では年間八億平方メートルも貼られている。

この遅れについて、〝ヤッパリ日本の政府は〟と目くじらを立ててもしようがない。政府がこうした方面に鈍感なのはいつものことだが、日本の住宅は作りがスキスキで、化学物質が室内にこもりにくかった、という背景もある。遅ればせながら、日本でも規制にとりかかった。

この問題がやっかいなのは、化学物質への反応に著しく個人差があることで、ほとんどの人が大丈夫でも、ごく一部にすごく過敏な人がいて、みんなで一つ部屋に入って誰も何も感じないのに、一人だけクシャミをしたり、肌がカユクなったり、ほとんど測定器みたいな状態になってしまう。そうなるとたいへんで、現代の住宅において化学物質ゼロなんてありえないから、行き場がなくなる。

なお、不必要な戦線拡大を防ぐために言っておくが、現在問題になっている程度の室内化学物質濃度でガンになることはない。あくまで、過敏症が問題。

過敏症になってしまった人はともかく、普通の人なら有効な予防策はいくつもある。まず、すぐできるのは、換気。たとえば台所の場合、食器棚やキッチンセットの引き出しを嗅いでみて臭いがしたら（きっとするはずだが）、小さなかいものをはさんで通気をさせる。台所に漂い出た化学物質は、窓や換気扇によって、室外に出てゆく。部屋の壁紙やプリント合板の場合も、換気が有効。ラドンも換気。朝起きたら窓を開けよう。

つい先だってまで建築界では、とりわけ量産住宅では、高断熱・高気密を叫んでいたが、高断熱はいいが、高気密はいけないということになって、叫ばなくなった。スキマは社会にも建物にも必要なのである。

より根本的対策としては、化学物質が出ない建材を使えばいい。自然素材である。木、土、石、紙、草、布。こうした自然のものも各種の酸をはじめさまざまな物質を空中に放出している。だが、人類の体は進化の過程で慣れており、問題は起きない。化学物質についても何万年かすれば慣れるはずだが、とても待てない。

ホルムアルデヒド検知中

ここで注意してほしいのは、木と言っても自然のままであるとは限らない点で、合板や集成材だと接着剤が使われているし、輸入材の場合、現地で丸太の段階で強力な殺虫剤燻蒸してたりする。この点は国産材なら大丈夫だが、土台用の防蟻処理をしてると……。この「……」は、口を濁しているわけじゃなくて、防蟻処理もいろいろあるし、現実問題として、化学物質ゼロの家づくりなんて今の都会では不可能だというとまどいの「……」。仕上げは自然素材でも、下地まで合板なしで済ますのは、コストも手間もかかって無理。合板にも毒性のランクがF1、F2、F3とあるので、より少ないF1を、値は少し高くなるが、使うしかない。

出るのを減らす努力をする一方で、それでもなお出てくるものへの対策が必要になる。対策の基本は、先に述べた換気の励行。

そんなことではもう間に合わない、発病した人のために〝ベークアウト〟、直訳すれば〝焼き出し〟という、高温にして強制的に放出する方法がある。家を目張りして密閉し、六十度くらいの温度で一週間ほど保つ。大胆な方法だが、それでも抜けきらず、長期にわたりジワジワ出続けるものもあるし、いったん出てからほかの汚染されていない建材に移って後から滲み出すこともあり、決め手とは言いにくい。

ジワジワ滲み出てくるヤツは、ジワジワ吸い取るしかない。吸着である。冷蔵庫の消臭剤と同じ原理。食器棚なんかは木炭を入れとくと効果がある。引き出しの奥にひとつずつ。

しかし、部屋全体となると、木炭では無理。何をどう使えばいいか。ここから先は私がこの頃考えていることで、科学的に実証したわけではないとお断りした上で、さて工場における排煙からの有毒物質の吸着技術が参考になる。工場で最もよく使われるのは石灰にほかならない。石灰はアルカリ性だから、酸化物と反応して吸着する。

石灰にノリ分とスサ（つなぎ用の繊維）を混ぜたものを漆喰という。昔の家では、内外とも土壁の上によく塗られていたが、この頃は、水を使う左官仕事が現場で嫌われ、漆喰は化学塗料や合板や壁紙に取って替わられ、ほとんど見かけなくなった。あの漆喰を復活させたらどうか。土の兄弟だから、ノリ分を少なくして粗く塗れば多孔質になり、空中汚染物質をよく吸収するはずだし、酸化物なら化学反応によって無毒化する。

数年前にわが家を建て替えた時、寝室の壁から天井までぐるりと漆喰を塗ってみた。引っ越して部屋に入った時、空気が爽やかで、体の中のチリが静まるように感じられた。よく眠れる。それまで季節の変わり目ごとにカゼをひいていたが、以後、カゼとはおさらば。

漆喰は、ツルピカに仕上げようとしないかぎり、素人でも簡単に扱えるし、建材屋で買えば値段もすごく安い。下地は石膏ボード（これも超安くて無害）を張りさえすれば誰でも塗れる。ただし、注意事項がひとつあって、市販の漆喰はノリ分が強いので、ただの石灰と等量混ぜてノリ分を減らし、多孔質にしないといけない。

シック・ハウスの代わりにシックイ・ハウスを!!

引き戸とドアーを隔てる歴史的事情〈戸〉

今度のテーマは、建物の出入口のバリケードというかフタというか、戸について。戸の字がいかに重要視されてきたかは、用例からうかがわれよう。家の数は一戸二戸と数える。一軒二軒といういい方もあるが、両者には明らかに差があって、物としての家は軒で数え、家族の生活を含むような場合は戸を使う。だから戸主とはいっても軒主とはいわない。戸籍も同じこと。

どうして戸が重視されたかというと、そこを唯一の通路として家が外の社会とつながっていたからだろう。

その唯一の通路はいつも開きっぱなしというわけにはいかないから、ふさぐ装置として戸が取り付けられるようになるのだが、ここで問題が生じる。どうして日本は引き戸になり、欧米、中国はじめ日本をのぞく世界の大勢はドアー形式になったのか。世界の側から見ると問題は日本で、どうしてあの国だけは横に引っぱる妙なドアーを使っているのか。

この謎に答えるため、前提として次のことをよーく頭に入れといてほしい。日本にもドアーはあり、外国にも引き戸がある、という事実。お互いにそういう形式を知らなかったわけではないのである。

日本におけるドアーの例は、禅宗の寺なんかに行けば分かる。回転して開く両開きのドアーが本堂の入口についていて、桟唐戸《さんからど》と呼ばれる。お城の城門の扉もドアー形式だ。時代劇なんかで、夜半に急な使者が来て、お屋敷の戸をドンドンと叩くと、中から仲間《ちゆうげん》が眠そうな目をこすりながら出てきて、カンヌキをはずし、ギギーと重い扉を押し開いて使者を迎え入れる。

これがドアー形式じゃなくて引き戸形式で、スッスーじゃ、なんか間が抜けて様にならない。運命の転回を告げるにふさわしい重厚さに欠けるというか、盛りあがりに欠けるというか。忠臣蔵の浪士たちが討ち入りに行ったら、雪夜に静まりかえる吉良邸の門が引き戸なんぞじゃ、大高源吾がなんのために重い大槌をかついで列に遅れないよう息を切らせて走ってきたのか分からなくなる。

ヨーロッパにも引き戸があることは意外に知られていない。さすがに家の出入口にはないが、家の中の部屋と部屋の間の仕切りに例がある。具体的にいうと食堂と居間の間の仕切りが、両側に引き分けられ、壁の中に引き込まれるようになっている。日本における門扉のドアー形式ほど一般的ではないが、向こうの人も引き戸の形式について全く知らなかったわけではないのである。

なのにどうして向こうでは引き戸は家の中のごく一部分にしか使われず、一方、日本では引き戸が中心となったのか。

この答えは、日本における引き戸とドアー形式の使い分けのなかにある。ドアー形式の扉は、お城の城門とかお屋敷の門とか、敵や浪士に攻められて似合いそうな所にばかり使われていることから知られるように、防衛を強く意識した装置にほかならない。大高源吾の大槌で叩かれても破られないように工夫されたのがドアー形式なのである。そんな心配のないところは引き戸ですます。普通の家なら出入口も引き戸、部屋と外をつなぐ開口部も引き戸形式の障子やガラス戸や雨戸。

日本の人々は、適材適所をこころえ、ドアー形式と引き戸形式を使い分けて来たのだった。

外国の人々は、出入口も窓も、内外をつなぐ開口部という開口部にドアーを使っている。ということはそこまでしなければいけないほど心配だらけだったということか。実際、心配だらけだったのだ。大陸の国々は異民族との戦争がしょっちゅうある。日本の国内戦なら、闘うのは武士だけで、その武士だって敗けても指導層が腹を切ればすむ。商人や農民は、どっちが勝ってもお上《かみ》が変わるだけで自分たちには関係ない。ところが民族間の戦《いくさ》はそうはいかなくて、敗ければ、昔は、指導層、市民もろとも殲滅《せんめつ》させられるか、奴隷として売り払われた。キリスト教の聖地にして東ローマ帝国の都のコンスタ

吉良

ンチノープル（今のイスタンブール）がイスラム勢力に攻められて落城した時の話を読むとそれは酷いもので、三日と決められた略奪期間の間じゅう、将兵は町を走り回り、家々に乱入し、宝石や金品ばかりか人々を捕まえる。抵抗する者はもちろん殺される。略奪期間が終わると、将兵たちの戦利品は、この時を待ち受けていた近隣諸国の商人たちによって競売にかけられるが、いい値で売れたのは王族の妃や娘で、奴隷商人に買い取られ、勝者側や中立地帯の有力者の元に届けられたという。

こういうことをお互いに繰り返してきたのだから、普通の家でも開口部のすべてがドアー形式になったのはしかたがない。

引き戸は、ドアーにくらべ意識的な攻撃に対し弱い。理由は、戸の一辺をガッチリ金物で固定するドアーにくらべ全面的に移動するため、四周のすべてにスキがあり、壊されやすい。壊すまでもなく、雨戸程度なら外から簡単に取りはずすこともできる。

ドアーは攻撃に耐える装置だから、その取り付け方には世界共通のルールがある。ただし日本のドアーを例外として。

読者の皆さん、ここでこの拙文を読むのを一時中止し、わが家のドアーの取り付け方を調べてほしい。玄関の戸、洋間の戸と窓、便所も。どうでした？ 例外なく外開きだったでしょう。内外をつなぐ出入口のドアーは外に向かって、室内のドアーは廊下側に向かって開く。

外開きのドアー。こんな話を外国の人や江戸時代の門番が聞いたらさぞ驚くだろう。そして、平和ボケと言うかもしれない。

現在の日本以外では、ドアーという防御装置は内側に開くよう設置するものなのである。いろんな国を見てきたが、外開きの例は一つも見たことはない。

なぜ、ドアーは内開きにしなければならないかの答えは、谷干城《かんじょう》に聞くといい。谷は、明治十年の西南戦争のおり、熊本城にわずか百十数名の将兵とたてこもり、万来の西郷軍の攻撃に約五十日間耐え抜いた。ついに城門を守り抜いたのだが、その時の方法は、城内の立木を伐り、門扉の内側に、幹の方を上にして立てかけたのである。木の上下を逆さに立てかけるからこれを逆茂木《さかもぎ》といい、日本古来の防御法としてその筋では知られる。ようするに、内開きのドアーの内側から重いものを当てつけたのである。

こうされては、いくら外から押そうが叩こうがおいそれとは破れない。スキ間からコジあけようにもスキ間はないし、取り付け金物を壊そうにも内開きの場合、外からは手がかりがない。

日本の現在のドアーは外開きだから、スキ間にバールを差しこんでこじ開けるもよし、外に露出した蝶番《ちょうつがい》の回転部をヤスリで切るもよし。

それだけ安心な国ということなのだろうか。

日本建築の生命は床にあり〈床〉

今から二十数年前になるが、坪二十万円で自宅の増築をした。当時としてもトンデモない単価で、外壁は石綿スレート、内壁は石膏ボード張りという工場建築と安っぽさを競い合う仕上げにせざるを得なかったが、床だけはナラ材のムクのフローリングを張った。設計を引き受けてくれた建築家の山本厚生さんが、ローコストであればあるほど床が大切と主張したからだが、この一言で悟りを開くことができた。

〈日本の建築の生命は床にある〉

この生命に無自覚だったり、他の部分を重視するような建築家に自宅の設計を頼んでいる読者がいたら、今すぐ断りの電話を入れた方がいい。

間取りなんてもんは面積さえあればどうだって住めるし、外観は人間中身が第一と思えばサティアンなみでも気にならない。

人も住まいも大事なのは中をどうするかで、具体的には、室内の壁と床のどちらに力こぶを入れたらいいのか。答はもちろん床だが、疑問のある読者のために一つ究極の選択を迫ってみよう。

破れ障子に青々とした畳の家と、張りたての障子にボロ畳が波うつ家と、どっちを選ぶ。破れ障子は目をつぶれば消えるが、ボロ畳は目をとじても脚からチクチクくるし、波うつ上に寝ころんでもどうも落着かない。

何はともあれ、床だけは平らで清潔でなければならない。こう考えるのは実は日本人だけで、欧米ではモザイク・タイルや煉瓦敷きのようなわざとでこぼこした床でも平気だし、手で触れないくらいの汚れも平気。中国の食堂にゆくと、床に食事のカスをどんどん落す。

日本人が床に敏感になったのは、もちろん履物を脱いで裸足で家に上り、座ったり寝そべったりするからだ。床に皮フが直に触り、なめらかさや硬さや温度はむろん湿度まで、床材の持つ性格や状況のすべてを感じ取ってしまう。

もしこれが、外で靴を履いていたなら、靴を脱いで家に上り床に触れてもそう敏感にはならなかったろうが、なんせ日本人はあまりに長らく裸足で暮した。現在、東京の西郊の国分寺に住んでいるが、隣の農家の小柳さんに聞いたら、戦前はむろん戦後も十数年は、農家の子は裸足で小学校に通っており、国分寺小学校の昇降口には足洗い場が付いていたそうだ。

履物を履く場合も、昔はワラジで、これは履いてみれば分かるが、実は裸足といい勝負。ワラは地べたの凹凸をやわらげるには柔らかすぎるし、水気はすぐに浸み通ってくる。そして何より実際に履いてみて驚くのは、ゾウリとちがい鼻緒より先がないことで、五本の指は直に地面をとらえる。

その結果、足は手と同様に五本の指が扇状に開き、同程度に鋭敏な触覚を持つにいたる。子供の頃、かいぼし（排水して魚介を採ること）をした時、水の引いた泥沼に腰までつかって足先でまさぐり、わずかな感触だけで貝と石ころ、フナとコイ、ウナギとナマズを識別できた。もし調べる方法があるなら、欧米人より日本人の方が足の認識力は高いことが証明できるだろうし、日本人の中でも相撲取りは一番にちがいない。なんせ、裸足のスリ足なのだ。

スリ足といえば能や盆踊りもそう。脚を高くあげて速く走るヨーロッパ式の歩行の影響を受ける前の日本人は、スリ足でゆっくりが基本になっており、この歩行の伝統が力業では相撲、表現では能に結実している、と聞いたことがあるが、湿ったり乾いたり、温かかったり寒かったりの変化のいちじるしい列島の地ベタを裸足のスリ足で歩き続けて何千年の日本人の足の裏の感覚が世界一敏感になるのは当然の結果なのだ。

しかし、そうした肉体的な条件だけで日本人の床へのセンスが磨き上げられたわけではない。似た条件は隣の朝鮮半島にも見られるが、かくべつ床へのセンスが発達した気配はない。日本列島の人々は、どっかで、床を格別なもの、大げさにいうと聖なる場と見なす思想を身に付けたんじゃないだろうか。

まず床《ゆか》有りき

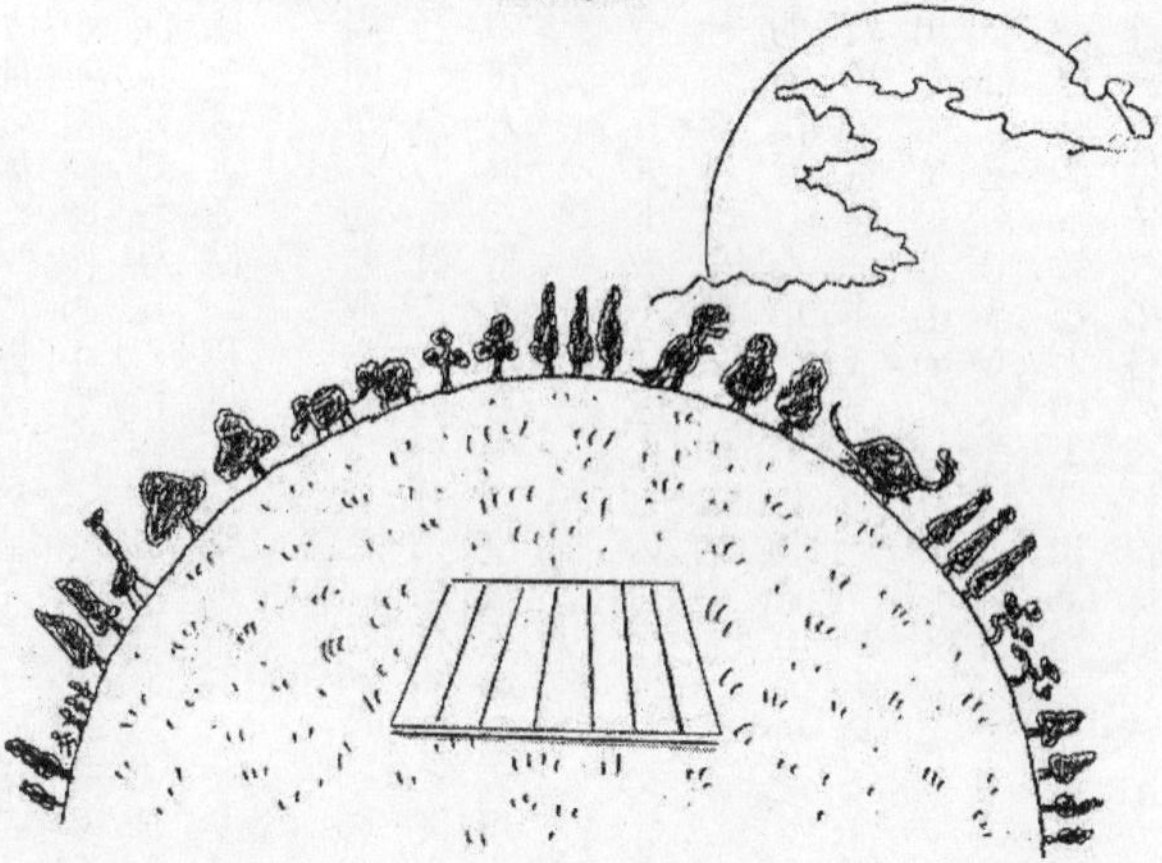

相撲の地べタと能の床が、周囲から区画されていることに注目してほしい。ユーラシア大陸各地に広がる相撲競技の中で場（土俵）を画すのは日本だけだし、能舞台の小さく限られた床が演技に対し与える影響はヨーロッパの演劇ではちょっと考えられないほど強い。日本の床を考える時、周囲から切り取られているという性格を忘れてはならない。

平らで清浄、周囲から切り取られている、この二つの日本の床の特徴を建築の歴史の上でさかのぼると、ついには古代の神社にまで行きつく。伊勢神宮で知られるように、昔々の日本列島の住人は、聖なるもの、聖なる場を表現するにあたりユニークなやり方をした。

ギリシャ正教やキリスト教や仏教などのほとんどの宗教は光り輝く神仏や神の子の像を作り、それを壮大な神殿や教会の中に納めているが、日本ではそうしたものを目に見せるような建築的演出はしない。代りに何をしたかというと、神々のいます山の麓に神を寄り付かせるための柱を一本まず立てた。いわゆる依代《よりしろ》である。しかしこれだけでは聖なるものの演出としては心もとないから、その周囲の草や木を取り除き、地ならしし、河原からきれいな石を運んできて敷き詰め、さらに中にケモノが入り込まぬよう柵を回した。ギリシャやキリスト教などのようにあたりに威を払う建物なんか必要としなかった。現在、伊勢神宮では依代の柱の上に高床式の本殿がかぶさるように立っているが、飛鳥時代、大陸から導入された仏教建築の壮麗さに驚き、やむなく豪族の館を持ってきて建てて対抗したというのが本当のところだろう。

わが列島の御先祖様は、屋根と壁からなる神殿建築はなくとも、ただ一本の柱とその周囲に画された清浄な平面だけでじゅうぶん聖なるものを感じ取ることができたのである。そしてこの、清浄な平面に対する聖なる気持ちが、床というものへの深い感受性につながってゆく。

私がこれまで訪れた全国各地の床の中で最も印象的だったのは、岡山藩の郷校《ごうこう》（上層農民の学校）の閑谷黌《しずたにこう》で、その講堂（元禄十四年完成）の畳にすると数百畳敷の板の間は、三百年間の雑巾がけによってにぶく光り、座っているだけで背筋の伸びてくるような精神性を感じ取ることができた。

最後になったが、日本独得の床として知られる畳敷について触れておこう。板敷のような精神性はないが、それでも犯すべからざる性格は持っている。それが証拠に、書院造りや数寄屋造りにおいては、天井や壁面（柱、壁、障子など）はいろんなデザインがあるが、こと畳の床はどれも変らない。だから私たちは、古建築を訪れた時、畳の面は意識せずに、その上に展開する壁や天井のデザインの妙を観賞する。しかし意識しないからといって畳の価値が低いわけではなく、むしろ逆で、変化しない畳の面こそが座標軸になっており、床の間も柱も障子も天井もその不動の座標の上で安心して舞い踊っている。明治以後今日まで、幾多の建築家が日本の伝統様式の近代化に取り組み、優れた成果をあげているが、申し合わせたように畳にだけは手を付けていない。

誰も改めて口にしないが、それをやったらおしまい、という暗黙の了解が日本の建築家全員にあるのである。床は神聖にして不可犯。

厚さ数センチのヒエラルキー〈畳〉

タタミです。

漢字で書くと畳。字から察すると、田んぼに関係あるらしい。田んぼには稲が生えていて、それが秋に実って、刈り取って脱穀した後に残るワラを使って畳の床（とこ・下地）がつくられ、その床にイグサを張って畳が出現するから、畳には田の字が入っている、と言えるかどうか。

田↓稲↓藁↓床↓畳

これでは風が吹けば桶屋が儲かるに近い迷路的語源の誹《そし》りをまぬがれがたい。それよりなにより、畳の語源を畳床に求めるという方向からしてすでに根本的に間違っているんじゃなかろうか。タタミと聞いて、誰が、下地に入ってる藁の床のことを思い浮かべるだろう。今じゃ発泡スチロールなんかが入ってる。タタミと聞くと、やはりイグサの畳表をイメージするのが健全な市民というものだろう。

どうも、稲、藁を畳と語源的につなぐのは無理がある。

ではなんで田の字が入るのか。素材の筋じゃなく形からの連想ではあるまいか。田の字は、土地に規則正しく畔が走るところから出ているが、そういわれると、そういわなくても、畳を敷いたときには部屋の床面に規則正しく線が入る。部屋の中に田んぼが広がる。

素材より形に着目したところはさすがだが、しかし、畳の歴史を調べてみると、部屋一杯に敷き詰めたなんてのはずっと後のことなのだ。その昔、はじめて畳が日本の住まいに現れたとき、独りぼっちだった。一枚だけ淋しく現れたのだった。出来が悪いから、姿がヘンだからといじめられて独りぼっちになったわけではなくて、その逆にエラすぎて独りだった。ワールドカップ初参加の時のサッカーの岡田監督の孤独というか社長の孤独というか、畳は王様の孤独をかみしめていた。正確にいうと、王様の尻の下で王様の孤独を支え共鳴していた。

畳は、最初、広い板の間の上座に一枚だけポツリと置かれ、その上に天皇が座った。そのうち、皇后も座るようになり、皇太子、そのオジさん、イトコ、などなどに広がり、やがてエライ人は誰でも座るようになる。

では、エラクナイ人はどうしたかというと、一番エラクナイ人は板の間にも上げてもらえずに、前庭の地べたに座った。少しエラクなると縁側に上がることが許され、さらにエラクなると縁側より一段上がった板の間に入り、だいぶエラクなると板の間に直じゃなくて円座とか藁座と呼ばれる縄を円盤状に巻いた敷物を敷くことができた。そして、たった一人、一番エライ人だけが一枚の畳の上に座った。

この畳式ランキングのランクのポイントはどこにあるのだろう。ランクの低いやつはザラザラした粗っぽい肌触りに耐えろ、という尻の感触ランクによるわけではない。ランクの低いやつは寒いが、高いやつは寒くない、という尻の温度ランクによるわけでもない。ポイントは尻の高さにある。ザラザラしようが寒かろうが、尻の位置が高いほど位は高い。座の高さ。

地面↓縁側↓板の間↓円座↓畳

地面と縁側の標高差は結構あるが、縁側から畳までの間はごくわずかしかない。そのわずかの標高差を位に合わせ四つに分割してランキングした日本人のセコサというか気遣いというか……。

私はサラリーマンをやったことはないので知らないが、東海林さだおのマンガによると、会社では湯呑みにランキングがあって、上から、フタ付茶托《ちゃたく》敷き、フタなし茶托敷き、フタなし茶托なし、に分かれているらしい。フタを冠、茶托を畳と考えると、古の日本のセコクかつ気遣いのあるランキング方式は、今も生き続けていることになる。

畳のわずか数センチの高さをランキングに利用しようといういかにも日本的な知恵はいつ頃まで有効だったのだろう。平安時代の寝殿造りの段階をピークとして、次第に衰えてゆく。次の鎌倉時代になると、板の間の周辺にグルリと敷き回すようになり、さらに進むと、室町時代には、ギッシリ敷き詰められる。こうなると、効果はなくなる。もちろん庶民の間では、相変わらず畳ナシ状態が続いているが、位の上下に敏感な上層の家では、室町時代には畳式ランキングは消えた。やがて、庶民の家にも畳は進出し、江戸時代に入ると、長屋の八つぁん熊さんの家でも、畳は敷き詰められるに至る。

日本の建物の進歩とは、畳式ランキングの消滅の歴史とも言っていいのだが、しかし、例外もないではない。ある一つの場では最後まで伝統が堅持された。ローヤ。そう、牢屋。牢屋では、明治維新の直前まで、畳の厚さが位の象徴だった。一番エライ牢名主は何枚も重ねて座り、その下の配下は一枚に座り、新入りやザコは畳レス。

畳は、古代において、王者の座の象徴として出現したわけだが、突然、出現するわけにはいかない。すでに実用的なものとして使われていて、それが象徴として光の当たるところに引き出された、というのが妥当な筋道だろう。

象徴化する以前の実用的な段階を教えてくれるのは古代の天皇の畳の使い方で、人に接見する時の他にもうひとつ、寝る時にも使った。畳を二枚敷き、二枚の理由は想像にかたくないが、その周りに風が吹き込まないようにシールドを立て、具体的には几帳《きちょう》（布をたらした木製建具）を立てたり、土壁で塗り回して〝塗ごめ〟にしたりして、その中に入って寝た。広い板の間の住宅の中でのキャンプ生活。

人間、起きて半畳、寝て一畳。これだと、起きて一畳、寝て二畳。

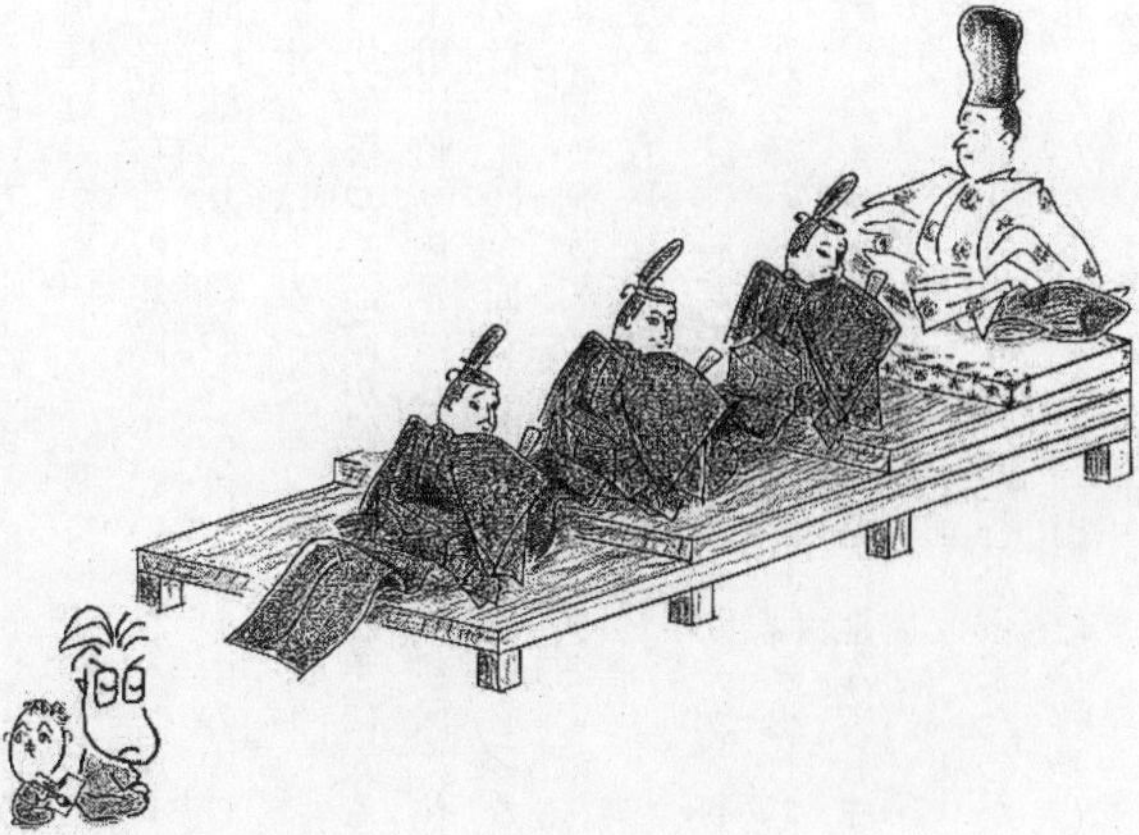

こうした言い方の由来はまことに古いものがある。起きて半畳と寝て一畳のどっちがより原点に近いかというと、寝て一畳の方だろう。

藁の性格からこの想像は正しいと思う。藁の保温力は実に優秀で、木綿の比じゃない。子供の時、稲刈りの終わった後の藁の山の中に潜り込んで遊んだことがあるが、晩秋でも半裸で十分なほどだった。

弥生時代になって稲作が始まり藁が手に入るようになると、おそらく、人々は、こぞって寝床用に敷き込みはじめた。竪穴住居に住む人々は、全面に敷き詰め、高床住居に住む人々は、土間全面じゃなくて寝るに必要なだけを敷き、敷いただけだと散らかるから上にムシロか何かでカバーした。あるいは、ムシロが先で、その下に藁を入れるようになったのかもしれないが。

そうした高床住居での藁とカバーがやがて畳へと進化した。

ここで文を終えようと思ったが、読み返してみると畳という言葉の語源の探求から書きはじめ、答えを出さずに違う話に進んでしまった。起承転転になっている。結を一行ですまそう。

畳の語源というものは、たたむから来たのだった。びっしりと敷き詰める以前、時と場に応じ、たたんでしまったり出したり移動したりしていた。世界の敷物のうち、たたむことのできるものは畳しかない。

靴のまんまはプロブレム〈土足〉

前項は、畳について述べたから、今度は土足の問題に触れよう。

土足の問題、これこそ日本の近代が直面した日常生活の大難題だった。靴や草履を外で履いているかぎり何の問題もないが、履いたまま家の中に入り、畳の上に上がると、一気にプロブレム。欧米はじめ世界のたいていの国はそうしているのに、日本においてはプロブレム。

土足摩擦というか、この問題に日本人がはじめて悩まされたのは、今から百四十八年前の幕末のこと。開国をめぐるアメリカとの交渉の中でだった。今も昔も、なぜか、日本の国内の慣習が槍玉にあげられるのはアメリカとの交渉の時。

黒船艦隊に乗って来航したペリーの一行は、開国を求め、下田で幕府との交渉に入る。場所は下田の寺。武装した兵士を引き連れたアメリカ人交渉団の一行は、日本側が厳重に警護する門を通り、玄関の前まで来ると、立ち止まりもせず、そのまま段板を踏んで式台《しきだい》（昔の格式ある玄関）に上がり、さらに進んで畳の上に踏み込み、そのままの勢いで畳廊下をズンズン進んで、座敷に入った。

これが日本の格式高い玄関に、固い靴の底が板を踏むカンカンカンカン高い音が響き渡った最初の日である。畳の上を土や砂をなすりつけながら履物が通過したのもこの時が最初。欧米人は信長の時代にも日本に来航しているが、その時はちゃんと靴を脱いで上がっているというのに。

顔に泥を塗られるというが、日米対決の最初のシーンで畳の面に泥を塗られてしまったのである。

どうしてそんなヘマをしでかしたのか。敷物を敷いておくとか、土足のうえから何かカバーを履いてもらうとか、そういう配慮がなされなかったのはなぜだろう、と今、書きながら考えている。応対する日本側は、役割分担をしていたと思う。交渉に臨むグループ、通訳のグループ、などなどの直接前面に立つグループの他に、会社でいうと総務のような裏方のグループがあって、駕籠の手配や馬の世話、畳に座ることを拒むという欧米列強との交渉のテーブルとイスはどう手配する、会食のメニューや座席の順、たとえば対面して座るのか、並んで座るのか、対面するならどっちが床柱を背にするか、飲み物はワインか、酒か、お土産はどうする、てな具合に次ぎから次ぎに湧いてくる難題に総務部は頭を悩ましていたにちがいない。前例があればいいが、皆目ないだけに、前例を尊ぶ総務としてはまことに悩ましい一日で、席順やメニューといった失敗の許されない方面に気配りを集中投下していた。さしもの総務の気配りも底をついていた。灯台もと暗し、足もと暗し。まさか土足のまま畳に……。

この下田の交渉のあと、江戸城で将軍との対面が行われるが、その時は下田に懲りて、ちゃんと緋毛氈《ひもうせん》が敷かれ、機能上も体面上もノープロブレムなのが証明された。

日本伝来の畳の上に直に座したり臥したりする生活と、欧米船来のイス、テーブル、ベッドの生活、この正反対の暮らし方の対決第一ラウンドは、欧米優勢のうちに終わった。具体的に見ると、畳の上には緋毛氈を敷いてジュータン敷きに見せかけ、テーブルはどう手配したか知らないがとにかく置き、イスはお寺にあった中国式ので間に合わせる。そして、欧米人は靴のまま上がり、日本側は偉い人は草履で上がり、偉くない人は裸足で上がる。

幕末の第一ラウンドの次は、明治の文明開化の第二ラウンド。今度は、日本対欧米ではなくて、日本人の中での、畳の生活と洋風の土足生活の勢力争い。

役所、会社といった公的、社会的な場での決着はすぐにつき、板の床に土足にイス、テーブルが定番として確立する。完全欧米化。

しかし、住宅はそうはいかない。いろんなタイプが現れる。

まずトップの明治天皇御一家はどうか。幕末の対外交渉時の将軍家に倣い、畳の上にジュータンを敷いてのイス、テーブル、ベッド、土足、の生活が始まる。旧江戸城に入ったから一時的にそうしたわけじゃなくて、明治二十一年に宮殿（明治宮殿）を建てたときも、新築なのにわざわざ畳を敷いてその上にジュータンをかぶせている。わざわざそんな複雑なことをしたのは、畳にジュータンを敷いた時のクッション性のある足触りがまことによろしかったからとも考えられるが、理由は定かでない。

以来、天皇は畳に座ったり、布団に寝たりはしなくなる。戦後の国体の時などで昭和天皇が各地に行くとき、由緒ある和風旅館のすばらしい座敷にジュータンとベッドを持ち込み、土足で上がって周囲を驚かせているが、御本人にとっては珍しいことでも何でもなくて、おじいちゃん以来、東京の家ではそうしているだけのこと。

宮様一家はどうしたか。なぜか天皇家のように畳の上にジュータンを敷くやり方はしなかった。天皇家には、見えないところでもいいから畳を残しておきたいという伝統意識が無意識のうちに働いていたかもしれないが、宮家は何の躊躇もなく純洋風の生活に突入する。

岩崎家のような大富豪はどうしたかというと、まず家を和館と洋館に分けてくっつけて作り、洋館ではスリッパを履き、和館では何も履かない、という使い分け。洋館では外国人と一緒の時には靴を履くが、それ以外の時はスリッパで過ごすから基本的には土足で家に上がることはない。

問題は、明治の半ばから大正にかけての第三ラウンド。このラウンドの主役は皇族、富豪じゃなくて普通の人々。正確にはその上層のリーダー的な市民層。このラウンドい

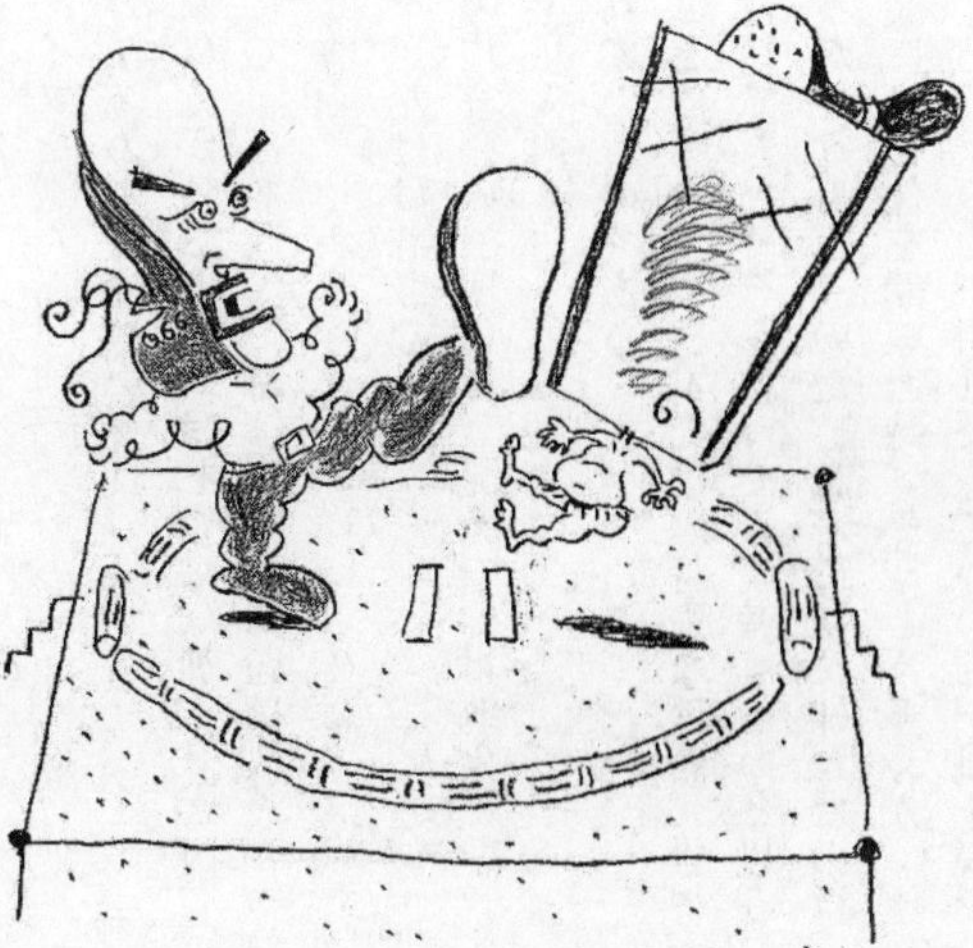

かんで日本の土足問題の行く末は決まる。会社の部課長さんや学校の先生といった面々は、天皇家、宮家、富豪のどのタイプを選んだか。

富豪タイプを選んだ。

和風の伝統の中に洋風要素（ジュータン、イス、テーブル、ベッド）を持ち込むけれど、土足で家に上がることだけはしない。靴の代わりにスリッパですます。

かくして、日本近代における土足問題は決着がついた。まず、会社やビルや店や役所は土足でゆく。しかし、住まいについてはイス、テーブル、ベッド、ジュータンはいいけど、土足だけは許さない。

日本の住まいの玄関には、見えないけれど、

〈不許土足入門〉

と刻まれているのである。

このことは長らく、日本だけの特殊な慣習、世界が欧米化してゆく中での非世界標準と考えられてきた。そう思ってる読者も多いと思う。私もそうだった。

ところがどうも違うのだ。私が最初に知ったのは、日本暮らしを経験して帰国したアメリカ人にこの件を聞いた時、そうとう多くが、土足をやめてスリッパ化している。理由を聞くと、家の中が汚れなくていいし、靴を脱いだ方がくつろげるから。

次に気づいたのは、中国の建築学者の調査報告で、北京、上海などの近代化先進地の

良好な新築住宅（ほとんどが集合住宅）つまりマンションでの土足問題を調査すると、九十パーセント以上の家で、土足を脱ぎ始めているのだ。せっかく新築した家の床を汚したくないというのが理由。

アメリカで少しずつ、中国で大量に始まった〝土足はやめよう〟という動き。もしかしたら二十一世紀の住まいにおける世界標準は、日本のやり方なのかもしれない。下田の仇をニューヨークで討つ。

毛嫌いされる現代の廊下〈廊下〉

大学の建築の先生が、学生たちの設計を評価するとき、とりわけ課題が住宅のとき、廊下の目立つ案はまずダメ。

「この廊下なんとかならないの、戦前の住宅を復原してるんじゃないんだから。学校や監獄じゃあるまいし、廊下で住宅の間取りを解決するのは安易すぎる」

と、同級生の前で批判を浴びた学生は二度と廊下を使うことはない。

このようにして、現代の住宅から、とりわけ建築家先生のデザインになるものから廊下は追放されたのである。

今度は、廊下というものの栄光と悲惨について。

原始、人間が住まいを作り始めたとき、廊下はなかった。ヨーロッパの旧石器時代の住居跡を見ても、日本の縄文時代、弥生時代、そして奈良時代の例を見ても、いってしまえば一室住居の形式になっていて、各部屋というものが成立していないから、部屋と部屋をつなぐ廊下もない。住空間の分化という母がないのに、分化した住空間をつなぐ廊下という子の生まれるはずがない。

いつどこで生まれたか。『源氏物語』と一緒に平安時代の寝殿造りのなかで生まれた。寝殿造りの室内は、ガランとした板張りの一室的作りで、そのとりとめなき空間のそこここに几帳《きちょう》とか簡単な壁とかの、仮設的な仕切りを立て、その囲いの中に身をこめていた。一室的作りというか、家中が板張りの廊下で、廊下の上でのキャンプ状態だった。

本当の意味の廊下は寝殿造りの中には生まれていなかったが、廊下的なものは寝殿と寝殿をつなぐところに発生していた。寝殿造りというのは、いくつかの寝殿が、中庭（坪という。壺とも書き、〝桐壺〟というのは桐の植わった中庭に面したところに住む女性の意味）をはさんで前後左右に並び、それぞれに儀礼用とか、父用とか、母用とか、用途が分かれていたが、それらをつなぐ通路が必要で、それを〝廊〟とか〝渡殿《わたどの》〟と呼んだのである。分化した住機能をつなぐための通路という定義に照らすと、寝殿造りの〝廊〟こそ、その名からしても廊下の原点ということになる。

鎌倉、室町時代に入り、寝殿造りが書院造りに進化すると、ひとつ建物の中に廊下が出現する。次の項で述べるように、書院造りの中で、天井と畳と障子、フスマに囲まれた部屋というものが初めて成立し、当然ながら、それらをつなぐ廊下が生まれる。といっても、現代のわれわれがイメージするような、板張りでバーッと続くようなカタイもんじゃなくて、たいていが庭に張り出す縁側の兄弟としてあるか、フスマで仕切られた広い部屋と部屋の間の暗く細長い部屋としてあった。

書院造りの成立によって部屋が出現したといっても、なんせその部屋はご承知のように、障子とフスマというヘラヘラの紙で仕切られているだけで、開ければすぐ一室化するというファジーなものであるからして、廊下の方もファジーであることをまぬがれない。人は、庭に面した廊下を通ることもあれば、フスマを次々に開け、部屋を廊下として進むこともある。

江戸時代の大名屋敷の平面図を見ても、何だかやたらに線が走っていて、どこが部屋でどこが廊下なのかわからない。廊下と判明する細長の場所をたどっていっても、途中で消え、先の方でまた現れたりする。たとえば、江戸城の平面図で、将軍が外出して帰ってきたとき、どこをどう通って大奥の寝室までたどりついたのか筋道がたどれればいいのだが、現代の建築史学は、そうした使い方についての生活史的研究が手薄でわかっていない。それどころか、子供たちはどの部屋にいたのかとか、間取りの基本的な中身すら不明なのだから、どこが通路として使われたのかなんてわかるはずもない。

部屋が何十とある日本の大型の住宅で、使われ方の実態が解明されている一番古いのは明治三十八年完成の岩崎久弥邸で、これは私が久弥の娘さんに聞き取りをした。それ以前はまことに残念ながらあいまいなまま。

ハードな廊下が日本の建築に導入されたのは明治になってからで、洋風建築とともに

入ってくる。ふつうの人が体験した最初は、子供は学校、青年は兵舎だった。ふつうでない人は、洋風監獄が初体験。廊下がビューと走り、部屋がズラズラ並ぶ。では、住宅においてふつうの人はいつハードな廊下を経験するんだろうか。早い人は明治の末ごろに経験し、都会であれば、昭和初期にはたいていの人が味わった。その名も〝中廊下式〟という住宅形式が成立し、市民の間に広まったからである。

中廊下式は戦前に開発された住宅地であれば今も時に見かけるから覚えのある読者も多いと思うが、木造の和風住宅の玄関の脇に小さな洋館というか洋間が合体されているのが外観上の特徴で、中に通されると、その洋館部分には、ジュータンが敷かれ、テーブルが置かれ、天井からはしゃれたランプが下がり、作り付けの書架には硬い本が並べられ、応接間として見栄っぽく使われているのがわかる。そして、洋館の脇には板敷きの暗い中廊下が奥に向かって走り、その南側には、伝統の作りのお座敷、家族の居間、寝室が並び、北側には使用人部屋、台所、便所、風呂が並ぶ。中廊下を通路として、その南北に各室を分離配置したことから中廊下式と呼ばれる。中学校の先生とか、会社の部長さんとか、役所の課長さんとか、そういう人がこの形式を好み、爆発的に広まった。

(1)日当たりの良い南側に家族の居室をもってきた（それまでは客用の座敷が南側を占拠）。

(2)中廊下のおかげで他の部屋を通り抜けずに移動できるようになり、プライバシーが高まった。

(3)普通の住宅に初めて洋間が組み込まれた。という点が歴史的には評価されている。

しかし、しかし、戦後をリードするモダニズムの建築家は中廊下式を嫌う。〝使用人を北側に居住させるのは封建的ではないか〟、〝中廊下は光が入らず暗くうっとうしい〟、〝応接間だけ洋風にする見栄っ張りはいかがなものか〟。

モダニズムの建築は、各室を細かく区分した上で廊下でつなぐというやり方そのものを否定し、各部屋の壁を取っ払い、空間をもっと開放的に広々と使うことを強く求める。台所と食堂はどうして分けなければいけないのか。居間だって一緒でいいではないか。応接間なんかやめてその分の面積を家族団欒に回せ。家族が、調理し、食べ、憩うための大きなひとつの部屋こそ住まいの中核ではないか。まっことそのとおり。これこそモダンで民主的で家族本位。そして廊下は、各室の小割りという遅れた考え方の代表として退場を余儀なくされたのだった。

今は昔、部屋というものを確立した廊下の栄光、そして、部屋を小割りした罪で追放された戦後の悲哀。

天井の存在理由《レゾンデートル》〈天井〉

天井はどうしてあるんだろう。

あらためて考えてみるとよくわからない。屋根は雨を防ぐため、柱はその屋根を支えるため、壁や障子は部屋を仕切るため、ドアー、床、畳、いずれも用途は誰でも知ってるとおり。ところが天井は、何の役に立っているのかはっきりしない。なくてもすみそうだし、事実、私の生まれ育った田舎の茅葺きの家なんか、囲炉裏の上方を見ると、太い丸太梁が走る黒々とした小屋組の空間がムキ出しになっていたし、部屋によると、根《ね》太《だ》天井といって、二階の床を支える根太とその上に張られた床板をそのまま見せていた。ちゃんと天井を張ったお座敷もあったけれど、小屋組ムキ出しでも根太天井でも暮らしに困らなかった。屋根や床や壁なんかと違って、なくったってどうってことない。

その割りには天の井戸なんてエラソーな名前だ。中国では〝天花板〟と書き、日本と似た命名だが、王宮でも住宅でも天井は張らないのがふつう。

いつからあるのか。

縄文人や弥生人は、そんな不自然なものいらない。伊勢神宮の天照大神もなくてよいと言い、今でもない。飛鳥時代の法隆寺をはじめとする仏教建築の中で初めて天井が出現する。仏教と一緒に大陸から日本列島に上陸されたのだった。

同じ神様でも、どうして土着の神は天井いらずなのに、仏はいるのか。それは、土着の神は目に見えないが、仏は仏像という物としての姿をとっているから、と私はニランでいる。

天井がないとどういう事態が出来《しゅったい》するんだろう。子供のときの経験が参考になる。頭上に大きな梁がいくつも重なりながら走っていて、その上にはチリやホコリがしだいしだいにたまってゆく。梁の上方には厚く葺かれた茅が層をなしていて、ベッドとしてまことに具合がいいらしく、さまざまな虫が住み着き、フンや脱皮した殻を落とす。

そうした虫をねらってネズミが入り、梁と茅が接するあたりから穴を掘って巣を架ける。ネズミにとって梁が道だから犬と同じように道ばたでフンをする。

さらにそのネズミを追ってヘビが入り、茅にあけた穴に首から入って追っかける。田舎では屋根裏にヘビが棲むのはおめでたいと大事にされ、近所の家では、ヘビに喜んでもらおうと皿に酒を入れて梁の上に置いていたほど。

各種昆虫、ネズミ、ヘビからなるひとつの生態系が屋根裏には形成され、生態系ゆえに、ヘビはネズミを追って、梁の路上をチリとフンを左右にかき分けながら蛇行して進み、ネズミはホコリとフンを蹴散らして逃げ回る。私が知っているのは戦後すぐのことだが、それでも梁の路上はなかなかにぎやかなものであったから、ずっと昔のもっと自然が豊かだったころには、いかほどの生態系が形成されていたことか。そういう豊穣な生態系の排出物が、チリ、ホコリと一緒に、時にはヘビもドタッと降り注ぐのである。

昔の人は、掃けばすむ程度の汚れはまるで気にしなかった。便所とか台所とか、人間の生態の方がスゴかったのだから。

しかし、仏様は困った。神様は透明だからいいが、仏様はかのガンダーラの地であたらギリシャ彫刻の影響なんか受けたりして具体的な姿になっているから、その頭上に排出物が降り注ぐのはまずい。仏の螺髪《らほつ》（グリグリ髪）に入り込んだネズミのフンなんか……。

こうした実用上の理由に加え、もうひとつ美学的なこともあったと思う。太い丸太の梁がいくつも走り、その向こうに屋根の下地が見える様子は、あまりに力強く、技術ムキ出しで、仏の頭上を飾るにはふさわしくない。板を張って消した方が仏の美しさが引き立つ。

天井とは、仏のため、屋根裏の無骨な骨組みを機能的にも美的にも隠すために始まった。一方、人の方は、無骨な骨組みが見えようと、あれこれパラパラ降ってこようが、おかまいなしだから、奈良時代、平安時代、鎌倉時代を通し、天井など誰も張らない。天

皇も貴族も、優美なる寝殿造りに住んでいたが、天井を所有していない。源氏物語絵巻などで、屋根部分をパッカリはずして室内を斜め上から眺めた〝吹抜き屋台〟と呼ばれる日本独特の画法が駆使されているが、実際、屋根をはずせば、天井がないから、あのとおりに見えた。逆にもしかしたら、平安時代の住宅には天井がなかったからこそ、ああいう視点が自ずと育まれてきたのかもしれない。

では、今は誰でも所有している天井は、いつ、どんな事情で日本人の住まいに登場してきたんだろう。

これは日本の住宅史上の大きなテーマとなっている。なくても困らない天井だけなら無視されたかもしれないが、天井は、畳、障子・フスマ、角柱、と手に手を取って現れた。日本の住宅の特徴である畳、障子・フスマ、角柱と組をなしているものをどうして放っておけようか。

室町時代の中ごろのこと、板張りの床のところどころに丸い柱が立つだけで、間仕切りもなければ畳も一枚しか敷かれていないがらんとした寝殿造りに、変化が現れる。まず畳が、偉い人の座布団的存在から脱し、一枚、二枚、三枚と並べられ、次第に面積を広げてゆく。これと平行し、柱と柱の間に敷居と長押《なげし》を入れ溝を掘り障子とフスマを立てる。障子やフスマを入れてみると、丸柱では当たる箇所の納まりが悪いから、角柱へと変わる。障子・フスマで仕切られた四角な床の周囲に畳が敷き回され、やがて全面に敷き詰められる。

畳と障子・フスマのどっちがリードしたのかはわからないが、この二つが手を握り、日本の住宅に初めて部屋というものが誕生した。

ここまでくると、先は予想がつく。部屋が生まれ、閉めきると、快適でプライバシーも保てるが、上を見ると相変わらずのスケスケで落ちつかないし、畳や障子・フスマの繊細な感触と正反対の荒々しい屋根裏がのしかかってくる。天井を張って隠してしまおう。汚れだって落ちないに越したことはないし、冬の寒さもやわらぐ。

かくして、天井が張られ、畳と障子・フスマと天井に天地左右を囲まれた日本の部屋が完成する。そして、この部屋に床の間が組み込まれて、書院造りが生まれる。寝殿造りから書院造りへの進化。

天井は、屋根裏の骨組みを汚れの面でも美的にも隠すために生まれたわけだが、では、現在、屋根裏なんかないマンションで何を隠しているんだろうか。天井をはいでみるとわかるが、現代の天井裏には電気の配線、空調の配管、テレビの引込線などなどがひしめいている。昔は骨を隠していたが、今は配線配管といった内臓や神経を隠している。

昔も今も、自分自身に重要な意味があるんじゃなくて、他のものを隠すために存在する。天井は住まいのフタなのである。クサイモノには天井。

より上に、そしてくまなく明るく〈照明〉

はじめて蛍光灯のついた日のことを忘れられない。四十年ほど前の中学生の時だった。信州の田舎の家の八畳間の天井に、村の電気屋から買ってきた一本管の蛍光灯を取り付け、プルスイッチのヒモを引くと、部屋中に光が充満し、家族の間から歓声が上がり、拍手拍手。

それまでの陣笠スタイルの電灯にくらべ、光の質がずっと高級で都会的に思えたのはどうしてだろう。おそらく、自然の火に近い電灯の赤っぽい光より、青白い蛍光の方がずっと科学的でより進んだものに見えたにちがいない。なんせ、アトム、ウラン、コバルトのアブナイ三兄弟が平気で町中を飛び回っていたような時代である。

誰がつけたか知らないが、蛍光というネーミングもうまかった。「蛍の光、窓の雪」、電灯より勉強ができるような気がする。

光量もくらべものにならず、床、壁、天井のそこここにわだかまる陰影を、青白い光の雑巾ですみずみまで拭き取ってゆく感じ。とりわけ天井が明るくなり、杉の板にハエの黒いフンが一面についているのに驚いた。それまでの天井面は陰影の巣窟で、まともに目にしたことなどなかった。

戦後の家庭電化の動きの中で、一番建築的に影響の大きかったのは、蛍光灯の導入にちがいない。以来、天井の中心に位置する蛍光灯は、一本が二本に、二本が四本に、時には直線から円環へと拡大充実の道をひた走り、日本の住宅は、白い光に満たされてゆく。そして、気がついてみると、欧米とはまるで違う室内の光環境に到達していた。

欧米では、住宅の光源に蛍光灯を使うことはまずない。日本のように光源を天井につるしてそこから部屋中にダイレクトに光を放射することもしない（大空間は別）。間接照明にするか、直接照明の時も壁に取り付ける。必要なところにはスタンドかそこだけのペンダントランプにする。

蛍光灯を使わず、天井の中心から放射せずであるから、いきおい部屋は暗くなるが、向こうの人はそれが家庭の光のあり方と信じて納得している。だから、日本の家にくると、むやみ（無闇）に明るくて落ち着かないという。私たちは向こうの家屋やレストランに行くと、うっとうしく思う。蛍光灯にしたらきっと天井一面にハエのフンが……と私なんかは思って、料理の味が少しまずくなる。

どちらがいいということでもないが、それにしてもどうして日本の家は、これほどすみずみ明るくなってしまったんだろうか。技術的には、蛍光灯を使い、しかも天井の中心に取り付けたせいだが、そのような使い方を好んだのには深い心理的、歴史的な背景がある。

まず、電灯、蛍光灯の導入以前の日本の建築の闇の深さについて思い出してほしい。暗かった。まことに暗かった。私は、小学二年生まで、江戸時代に作られた茅葺きの家に住んでいたが、学校から帰ってくるとまず一歩入り、しばらく佇んで、目を暗さに慣らしてから中に入った。

どうしてそんなに暗いかというと、まず、軒の作りに理由がある。雨を防ぐため、軒を深く差し出すから、そのぶん光が遠くなる。次に部屋の中のインテリアに問題がある。天井と床の二つの面のうち、天井の方が黒っぽく作られていた。杉などの板は、数年するとアクが表に浮き、ハエがフンを付け、さらに悪いのはイロリの煙で、イロリの上方は吹き抜けになっているが、抜けきらない煙が天井のある部屋にも回ってくる。昔の家に行くと、木の部分は黒ずんでいるが、天井も例外ではない。入ってきた光が天井に反射して上から光が落ちてくるということが不可能。

一方、床の面ではどうかというと、畳である。畳は斜めから見るとよくわかるが相当光を反射して明るい。時々、畳替えをするから、古びて黒ずむこともない。深い軒の下をくぐりぬけて来た外光は、部屋にすべり込んで畳を照らし、そこで力尽きる。陽が落ちてからも事情は変わらない。灯されるのは行灯《あんどん》で、ほのかな光が照らし出すのは畳の面だけ。

日本の住まいは、深い軒に遮られてただでさえ光量が少ないうえに、天井が暗くて床が明るいという光の逆立ち状態だったのである。

住宅だけでなく、お寺のような大建築でも変わらない。本堂には仏様がいて、その上は高天井になっているが、上から光が注いでくるわけではなく、軒から水平に射し込んできた光が、畳の面をすべり、下から仏をボーっと明るくする。

一般に日本の寺は光の演出をしないが、私の知る限り二つの例外がある。兵庫県の浄土寺浄土堂は、堂内の高天井まで届く大きな阿弥陀仏の背後の壁をオープンにしてあって、池に反射した光が背後から射し込む。もう一つは西本願寺の飛雲閣で、一階大広間の上段の間の背に、普通なら壁に山水でも描くべきところ、障子がはめてある。貴人が座る上段の背をヘラヘラの障子にしてしまうのは異例で、これまで謎とされているが、飛雲閣が浄土堂と同じく真西を向き、その背後に同じように池があることに気づくと謎は解ける。浄土堂が西方からの光を取り入れようとしたのと同じ浄土の演出なのだ。飛雲閣の場合は、阿弥陀様じゃなくて、生き仏としてあがめられる本願寺門主が座った。

例外的に光の演出をする二つの仏教施設でも、光は上からじゃなくて、池に反射して斜め下からすべり込んでくる。上からでない限り、わだかまる闇を払うのは難しい。せいぜい仏様や天蓋を金ピカにして、少ない光で明るく見せるしかないのである。

それにくらべ、ヨーロッパは、太陽の光が素直に上から建物に入ってくれた。住宅の場合、軒の出は無いか浅いから、高い位置に開いた窓から光は直に斜め上から射し込んでくれる。宗教建築の場合はもっとダイレクトで、真上、もしくは真上に近い斜め上から降り注ぐ。ローマのパンテオンは、ドームのてっぺんに開いた大穴から、ドッと入ってくる。時には雨も。ゴシックの教会もステンドグラスの五彩の光を注ぐ。

向こうの宗教では、堂内の高天井は神の支配する天空界の象徴とされるから、上から下に向かって光が降り注ぐのは不可欠な演出なのである。光は神の威光でもある。

日本でも光は阿弥陀様の威光と考えられていて、阿弥陀の手のひらから出た光に導かれて極楽往生できることになっているのだが、実際にそのことをどう演出したかというと、往生際の人の枕元に阿弥陀様の絵を描いた屛風を立て、その手のひらから糸を引きだして握らせたりしている。まことに即物的というか場当たりというか、これはこれでにくめない。私も将来、老人力を使い切った果てには、これで往《ゆ》こうか。

幕末、明治初期は、日本人が西洋館にはじめて入った時、その明るさに驚いた。床だけじゃなくて、天井までちゃんと光を帯びているではないか。そして、それまでのあまりの暗さへの反動が吹き出した。光源は、より上に、そしてくまなく明るく。かくして、部屋の天井の中心位置に照明を取り付ける習慣が始まり（ヨーロッパにも例はあったが）、今日の蛍光灯全盛時代にいたりつくのである。

このように反動で始まったことではあるが、これはこれでいい照明方法じゃないかと思う。蛍光灯は今では赤みのものもあるし、すみずみの明るさは、日本人の清潔好きによく合っている。

私が問題としたいのは、すみずみ明るくなった部屋の仕上げ材のことで、ビニールクロスとか、プリント合板とかは即刻止めてほしい。ほの暗い中ならその安っぽさをごまかすこともできるが、明るくなるとダメ。深みがあって、かつ清潔で、明るい部屋に合う素材といえば、やはり一番は漆喰か。

窓は建物の目〈窓〉

読者の多くは、設計の人をのぞいて、窓のことなんかあらためて考えたことはないかもしれない。

私もそうで、建築学科に入ってから、テストのとき「窓について論ぜよ」と出て困惑したのを覚えている。ウインドウというくらいだから風を取り入れる穴であることは分かるし、むろん光も取り込む。外を眺めたり、中の様子をうかがったり、とにかくそういう現象的な記述はできるのだが、さて、論ぜよと言われたって何をどう論ずればいいのか。

それから三十年近くたったから、亀の甲より年の功。今はそれなりに考えられるようになった。例えば、

〈窓は人の立ち姿〉

こんなちょっとしゃれて思わせぶりなフレーズから書き始めることもできる。

部屋の中で長く原稿を書いたり、会議室で打ち合わせをしたりしているとき、フト、立ち上がって窓辺に行き、外を眺めると心が落ち着く。外の明るい景色を眺めたからだ

ろうか。もしそうなら、生まれるのは解放感だけで、落ち着きにはつながらない。窓を前にして立っているとき、足許から上ってくるような落ち着き感に浸ることができるのはどうしてなんだろう。

ひとつには、額縁効果があるだろう。どんな下手な絵でも額に入れると様になり、堂々としてくるのと同じで、窓という額縁を前にすると、あたかも自分の姿が額に入り込んだように感じ、所を得たというか、寄る辺なき空間の中で立場を見つけたというか、そういう心の内側からの落ち着きが生まれる。この〝心の内側から〟という働きが窓を考えるうえでの重要ポイント。

窓辺に立っているとき、何だか自分がちょっとエラクなったような気分に浸ったことはないだろうか。よく、アメリカ映画の大統領執務室のシーンで、すぐに大統領の姿に入らず、まず窓辺に立つ姿を逆光気味に、やや遠くから始める。もしあなたが万一社長になって、来客があったら、応接セットのソファに、たとえテーブルの天板がイタリア産の大理石、ソファが黒のモロッコ革張りでも、座って待ち受けたりしてはいけない。それは下の下。せめてマホガニーの大机を前にヒジ掛け付き背もたれ付きの社長椅子に深々と腰掛け、おもむろに立ち上がるのがいい。しかしそれも上の下で、上の上はどうするかというと、読者諸賢はすでにお気づきのごとく、ソファでも社長椅子でもなく、窓辺に立って、外を眺めているのが正解。秘書に〝社長、お客様〟と声をかけられたら、おもむろに〃ウムッ〃とか言って振り返ればいい。

ソファに深々では緊張感に欠けるし、社長椅子にデンではただエバッてるだけで思慮に欠けるように見えてしまう。ところが、窓辺に立つと会社の明日に思いを馳せる深謀と、現実を冷静に分析する知性と、修羅場をかいくぐってきた勇気と、得るものは得た落ち着きと、加えて指導者ゆえの孤独と、孤独にじっと耐える内面の強さと、エーイ、人間というものへの諦念にも似た哀愁と、喜びも悲しみも幾年月。とにかく人間のいいもんは、窓辺に立つと何でもありだ。

いいもんは何でもありだが、窓辺の奥はさらに深い。悪いもんも何でもありで、社長の代わりにマフィアのボスを置き換えてみたらいい。会社を乗っ取る深謀と、相手の弱みを分析する知性と……となる。

善も悪も、ようするに人間の内にあるものすべてを引き出して際立たせるのが窓なのである。

もちろん、口もきかず、複雑な表情も持たない窓そのものにそのような力があるわけじゃなくて、窓辺に立っている人がそのように思い、窓辺に立っている人を見る人をそのような気持ちにさせる、そういう力が窓にはある。

建物の各部位の中では珍しい力といっていいだろう。和風建築の床柱や西洋建築の暖炉の働きは単純で、その前に位置する人の権威を引き出すしか能はない。床はその人の心の落ち着きを強調はできるが、思慮深さなんかは無理。天井は崇高さはいけるかもしれないが、悲哀は難しい。

窓をここまで持ち上げていいものか、と書いていて我ながら思わないわけでもない。考えすぎかもしれない。筆の勢いもある。あと三枚。

しかし、たとえば、旅行中にフト寄った西洋館で、人気のない部屋に入り、窓辺に立ったときに体を包む独特の気配のことを思い返すと、やはり窓は格別なものと考えざるを得ないのだ。

古人も言ったではないか、「目は心の窓」と。私は言いたい、「窓は建物の目」と。目は心の窓であるからして、「窓は建物の心の窓」ということになるが、ちょっとヤヤコシクなってしまった。話を転ずる。

いったい、どうして窓にそのような力が付与されるようになったんだろうか。大昔からの心の遺伝子のなせる業だと思う。大昔、具体的には旧石器時代、人が洞窟に住んでマンモスを追っかけていたころ。洞窟には穴がひとつだけ開いていて、出入口と明かり取りを兼ねていた。そして、人は洞窟の奥に座り、たき火ごしに何かにつけ入口の穴の方を見た。旧石器時代は約二百万年続いているから、人類は二百万年もの長い間、じっとひとつの穴を見続けていたことになる。特に子供は見続けていた。

どうして穴を見ていたか。そこから外の世界が入ってくるからだ。入口の穴にシルエ

ットが現れる。脂ののったウサギを手にしてお父さんが帰ってきたのかもしれない。水を汲みに行ったお母さんか。あるいは、獲物にあぶれた他所の狩人の侵入の場合もある。腹をすかせた熊や虎が中をうかがっているのかもしれない。逆光の中に浮かぶシルエットを期待と怖れの入り交じった気持ちでじっと見つめる。入口の穴は、中にいる子供にとって、そういうシーンの映写場だった。

そして、青年になり、父と一緒に狩りに出る日、入口に立ち、背にこれまで自分を守ってくれた暗い洞窟を感じ、目の前に明るい原野を眺め、緊張に身震いする。入口の透明なスクリーンの上で、青年は初めて、見る者から演ずる者へと変身する。

さらに、父となり、狩りに出て数日、獲物を得て、妻と子の待つ洞窟に帰り着くと、入口で、中の暗さに目が慣れるまでしばらく立ち、様子を確かめてから、中に入る。

外から入るときも、中で迎えるときも、入口の穴には、いつも、目に見えないスクリーンが張られていて、その上に必ず人の姿が映し出された。そして、その姿は、決まって、期待と緊張に背筋を伸ばす立ち姿だった。猫背やダレた姿勢はない。

旧石器時代が終わり、次の新石器時代に入り、洞窟を出て人類が竪穴式の住居を造るようになり、さらには進んで、入口の穴ひとつの時代が終わり、出入口と明かり取りのふたつに分かれ、明かり取りが窓と呼ばれるようになったとき、窓からの出入りはなくなったけれど、立ち姿を映すスクリーンの記憶は失われなかった。むしろ、出入口と分離されることで、よりスクリーンとしての性格は純化し、内面化し、記憶の遺伝子に組み込まれたに違いない。

人は、今でも、窓の前に立つと、洞窟の入口のスクリーンに映る背筋を伸ばす人の姿を、記憶の奥底に思い浮かべているのである。

マサカ、と疑う読者は、一人で窓の前に立っているときの自分の姿を思い出してほしい。なぜか背筋がちゃんと伸びているから。

ステンレス流し台が座敷を駆逐〈台所〉

私はこれまで三軒だけ住宅の設計をしたことがあるが、台所については共同設計者に任せ、自分では触れないようにしてきた。理由は、台所というものに対し、取り立てて主張することも、こうしたらよかろうという新しい工夫も思いつかないからだ。加えて、女性向けの雑誌を見ると台所や収納にばかり光を当てているし、住宅展示場に行くと台所に一番コストがかけられていて、そういうまるで住宅＝台所のような世間の傾向への反発もあった。

思えば、戦前まで、住宅の中での台所の地位はまことに控え目であった。草葺きの民家では部屋としての扱いを受けず、土間の片隅にカマドと木製の流しがあるばかり。都会でも大差なくて、板の間のはじにガスコンロが置かれ、その脇にごく小さな流しが、それもセメントを固めて表面を磨いた〝人造研ぎ出し〟、業界用語で言うところの〝人《じん》研《と》ぎ〟の流しがあって、主婦はひざまずき、流しの上にまな板を差し渡して、トントン。

地位が控え目であるばかりか、汚かった。人研ぎの側面には魚の内臓やウロコがこびりつき、底は摩耗してザラつき、排水口の周りからは例外なく水が漏っている。戦前そして戦後も高度成長期までは、どの家庭でも、清く貧しく美しい主婦あるいは女中さんが、暗く汚く湿っぽい台所に身をかがめて調理していたのである。

そうした台所の対極がお座敷。南側の奥の、庭に面した一番いい場所にドンと位置して、大事な客を招いたり、正月には主人が床柱と掛け軸を背に座って、家族や部下の年始の挨拶を受ける。床柱を背にできるのは男の年長者だけ。

陽の当たる男の座敷と日陰の女の台所。こういう構造に日本の伝統的住まいはなっていたのである。日本の住まいの始点、たとえば竪穴式の縄文住居や高床式の弥生住居にはこういう現象は見られないから、その後、家の規模が拡大し、いろんな部屋に分化してゆくなかでお座敷はトップ、台所はビリ、そういうランキングが確立されていった。このランキングを思想的に後押ししたのは言うまでもなく儒教。

これを

『日本住宅の封建制』

と言う。

私が言ったんじゃなくて、敗戦のすぐ後、日本最初の女性建築家として知られる浜口ミホさんがこういう表題の本を刊行した。同じ時期、ご主人の日本最初の建築評論家として知られる浜口隆一氏が『ヒューマニズムの建築』という本を出しているから、夫唱婦随というか、一説によると婦唱夫随だったそうだが、とにかく戦後民主主義を象徴するような二人の主張であった。

ミホさんは、言うだけじゃなくてやってのけた。

戦後、政府は住宅難の解消のため、日本住宅公団（現在の都市再生機構）を設立し、鉄筋コンクリート造の団地を建設し、その時、公団は団地の住宅の間取りに新しい考え方を打ち出す。戦前の住宅では、食事と団欒と就寝は同一の場で行われ、朝起きると布団をしまって、卓袱《ちやぶ》台を出し、ご飯を食べ、さらに団欒の場にもなっていたが、これではイカン、せめて食事の場は独立させ、誰が寝ていても食事のできるようにしないと、と考えた。正確には建築学者の西山夘三、吉武泰水、鈴木成文の三人が考え、それを公団が採用した。

マアたしかに、人間の住生活で一番基本的なのは食う寝るのふたつだから、このふたつの場を分離して確立するという考えは正しい。しかし、食う場を一室分とって食堂とするには全体面積があまりに足りないから、台所と合わせて一室とする。狭い日本の集合住宅をより有効に使うために苦肉の策として編み出されたこの台所のことを、

〝ダイニング・キッチン〟

と、公団は呼んだ。もちろん、和製英語で、こんな部屋も考えも欧米にはなかった。台所の続きでご飯を食うわけだが、これを昔式の座り流しと卓袱台でやるわけにはいかない。それでは、昔のように暗く汚く湿っぽくなってしまう。敗戦の爪跡のまだ消え

台所
かけじく
床柱
座敷のタタミ

ない貧しい時代であっても、いやそれだからこそ、平和と民主主義と男女平等の新時代にふさわしいダイニング・キッチンを打ち出さねばならない。立ち式の流し台での調理とテーブルでの食事、これを実現せねば。問題は、流し台。いくら立ち式にしても、昔ながらの人研ぎじゃあ元のモクアミ。欧米にはあるというステンレスの流し台を製作せねば。

心ははやり気は急くが、なんせ公団の技術者は住宅の封建制の中で生まれ育った日本男子ばかり。にわかに陽の当たりはじめた台所に目をパチクリ。で、思いあまった公団の担当課長本城和彦氏は、夜更け、自転車に打ちまたがって、ギイコギイコと青山へ、目指すは浜口邸。幸い浜口夫妻は家にいた。十年ほど前になるが、当事者たちから聞き取りしたのだから間違いない。

話を聞いてミホさんは、事の重大性をすぐ悟った。なんせ、座敷をなくし、その代わりに台所と食堂と居間を充実させよ、と本に書き叫んできた女史である。「日本の伝統的な家はカタキみたいなもんヨ」と私に言い放つ女史である。主婦の城、台所の要の位置にある流し台が、男のための座敷の床の間より劣っていいものか。黒檀の床柱に負けないピカピカのステンレスのシンクを。山水の掛け軸に負けないピカピカの三角コーナーを。

ミホさんは、すでに一品生産でステンレス流し台をポツリポツリと作っていた柴崎勝男氏と一緒に開発に着手する。ポイントは、流し台のシンクの部分の絞り込み（プレス）。柴崎氏はステンレス板をロー付け（ハンダ付け）して深いシンクを作っていたが、それではいずれヒビが入るし、だいいち汚れて美しくない。一枚の板から深く絞り込んで一体成形しようと実験するのだが、入隅《いりすみ》のところに無理がいって割れが走る。あまりの困難に柴崎氏は、トゲ抜き地蔵のお札を入隅に貼り、祈りながらプレス機を動かしていたという。

そして、ついに割れなくなり、ステンレス流し台は完成し、団地の各戸に備え付けられる。入居後、主婦にアンケートを取ると、鉄筋コンクリート造、バランス釜のガス風呂、シリンダー錠、ダイニング・キッチン、テーブル、といった公団住宅の新工夫の数々の中で、他を圧してステンレス製流し台のツルツルピカピカが大人気。ミホさんの主張と実践は見事に報われたのである。

柴崎氏の苦労も報われ、日本初のステンレス流し台メーカー〈サンウエーブ〉を創業することができた。

それからはや四十数年が経った。その間の台所の充実は目覚ましい。ステンレスの流し台を突破口に、システムキッチン化、レンジや食器洗い機のような機械化、さらに家具化などの高級化の道を一途に突進し、今では家の中で一番重装備で一番お金のかかる場所になっている。一方、座敷なんてものはある家の方が少なくなった。

男の座敷から女の台所へ。これが戦後の住宅の一番の変化なのである。有史以来の最大の変化と言ってもいいかもしれない。

私は建築史家としてこのことを認めるにやぶさかではないが、でも、日本男子としてちょっと淋しく思う時がないわけではない。座敷、床の間、床柱、ああいうなくても日々の暮らしにはかまわない無用なものが家の一画にあることで、何かこう精神性が家に付与されていたような気がしてならないのである。

なお、柴崎氏はその後、横井英樹氏と組んで白木屋乗っ取り事件などにからみ、追放され、今はどうなっているのか分からない。

ダイニング・キッチンの知られざる過去〈DK〉

マンションや戸建て住宅の売り出しパンフレットを見ると〝2DK〟〝3DK〟という表示が出てくる。〝2LDK〟というのもある。三十年ほど前、建築の勉強をはじめたころにはすでにあったが、田舎育ちの私には何のことか分からなかった。で、友達に聞くと、最初の数字が個室の数をさし、後のアルファベットはDKがダイニング・キッチン、LDKがリビング・ダイニング・キッチンの略と教えてくれた。ただし、ダイニング・キッチンというのは食堂と台所ということじゃなくて、食堂機能と台所機能が一体化した部屋というか空間をさし、その空間にさらにリビングつまり居間機能が合体したものをリビング・ダイニング・キッチンというらしい。要するに、ひと部屋でメシを作って食って憩うのである。

田舎者に分かりづらいのは当然で、この奇妙な和製英語は、戦後の東京の団地の中で初めて登場し、以後、一気に全国各地の都市部に広まっている。

この団地という二文字も正体不明きわまりない。昭和三十年、戦後の都市部の絶対的住宅不足を解消するために創設された日本住宅公団が作った住宅地を指す言葉ということは分かっているのだが、いつ誰が言い出したのかはっきりしない。で、公団創設時に設計課長を務めた本城和彦さんに聞いたところ、住宅公団の前身にあたる住宅営団出身の公団技術者たちが戦前から使っていた〝集団住宅地〟という言葉を公団になってから略したような気がする、とのこと。

ような気がするでは、将来〝団地妻〟とかの語源を辞書に書く人が困ってしまうから、小生が調べてみましたところ、昭和十四年に日本建築学会主催のコンペに「労務者向集団住宅地計画」というのがあった。内容からして営団の関心に重なるし、審査員には営団技師が入っているから、集団住宅地の語は営団発と見ていいだろう。それが戦後昭和三十年、技術者ぐるみ公団に移入され、三年して昭和三十三年に売り出しパンフレットで世に出たのだった。

私が思うに、関係者内部だけの用語だったにちがいない。建築界では日本住宅公団のことは、戦前の住宅営団との対比で公団の二文字で言うし、その公団内部でも、集団住宅地なんて五文字は面倒だから、集団の団と住宅地の地をとって二文字に略して使っていたらしい。完全に内部用語で、公団が発足して住宅供給が開始されてから二年間は外部化しておらず、三年目に初めて外に漏れ出た理由は分からないが、あるいはパンフレットを制作した人が気軽に使ってみただけのことだったかもしれない。今も昔も宣伝広報系の人は新語や略語が好きなのだ。

言い落としたが、ダイニング・キッチンの造語をしたのは設計課長の本城和彦さんだ。この、団地のダイニング・キッチンによってそれまで日陰者だったキッチンが戦後住宅の前面に押し出され、戦前の男中心の床柱付き座敷に取って代わった事情は前の項に書いたとおり。

しかし、その時、どうして食堂と台所を一体化した部屋が公団によって打ち出されたのかについては詳しく触れなかったので、今回、述べようと思う。

まず知っておいて欲しいのは、DKなんて形式は、戦前の日本にはなかったし、世界には今でもない。調理台と食卓の間を仕切る壁も目隠しする食器棚もなく、完全に一体化した空間の中で調理台を眺めながら食事をするなんてのは、戦前の日本でも今の欧米でもちゃんとした家庭のすることじゃない。その昔、ヴィクトリア朝の邸宅では食堂からどれだけ離して台所を造るかが建築家の腕だったし、日本の伝統的邸宅も事情は変らない。主婦中心の家庭生活を打ち出したアメリカのバンガロー系の小型住宅でも、主婦の場たる台所を日陰者扱いはしないけれど、それでも、食卓からは見えにくい工夫をして台所を設けている。調理することと食べることを一緒にしない、というのがちゃんとした家庭の掟だった。

しかし、考えてみると、どうしてそんな掟ができたんだろう。もともと人間はというより人類は、煮たり焼いたりしたはじから食ってたはずだ。今だって、私なんか、配偶者が煮たり焼いたりしてるところに行ってちょっと食ったりしてる。

ソウダ、そういうことか。私がちょっと行ってつまみ食いすると、配偶者はかならず「はしたないことをしないで」と叱責する。夜中に台所のナベの煮物なんかをハシでつまんでいるのが見つかると、「ちゃんとお皿に移してからにして」とも言う。口はそう言い、目は「そんな野蛮な」と言っている。

おそらく人類史のいつの時点でか、調理と食事を一緒にすることが野蛮視されるようになったのだ。

それを一体どうして戦後民主主義国の国策住宅供給組織たる住宅公団が率先してやることになったのか。人類史への反逆、野性の復活という遠大な計画の第一歩として、では残念ながらなかった。

食べるとこと調理するとこを一緒に括《くく》るという考え方の基になった有名な有名な理論がある。〝食寝分離論〟だ。

もともとはマルクス主義の建築学者の西山夘三さんが言い出した。西山さんは、昭和十年代、京大の大学院生として小規模住宅の改良に情熱を燃やしていた。科学的実証的であることを旨とし、大阪の下町の路地裏に入り込み、長屋の間取りを採集し、住まい方の実態を調べていった。私が十年ほど前、晩年の西山さんに聞き取りに行った時に、「歩き回って自分の知らない町の住まいの表情を観察するのがとても楽しかった。あな

システム 1LDK

たが今やってるでしょ、あれに近いカナ」と言われ、路上観察者は赤面したが、さて、そうした住宅観察の中で西山青年はひとつの現象に気付く。

狭い家の中でも人々は、寝る場所とは別に食事の場を設けようとあれこれ工夫している。この現象は、狭い家では布団を片づけてから卓袱台を出して食事をする（食と寝の一致）のが当然であり、それこそは日本の住宅の使い勝手の良さであると見なしてきたそれまでの建築界の常識をくつがえすものだった。で、西山青年は、小規模住宅改良の第一歩は食事の場を寝る場から分離独立させることにあると主張し、この理論を食寝分離論と名付けた。

昭和十年代に成立したこの西山理論は戦前には無視されたが、戦後になって認められ、公営住宅の間取りの基礎となり、具体化に当たって、寝から分離した食は台所と合体して一室を構成することになり、ダイニング・キッチンが生まれる。寝食分離が本当の目的で、ダイニング・キッチンは結果的にそうなったにすぎないとも言えなくもないのである。

西山は、マルクス主義者として、貧しいプロレタリアートの狭い長屋改良の理論として食寝分離論を唱えたのだが、実現したのは中産階級の団地であった。そればかりか、上流階級まで広がり、十分に広い家でもダイニング・キッチンは定石化する。生みの親の意に反し、ダイニング・キッチンはどんどん出世し、生まれた階級から分離してしまったのである。

私はこうした出自を知っているから、自分の設計する家については、施主が〝貧しいプロレタリアート〟でないかぎり、ダイニング・キッチンはやらないようにしている。

水平か垂直か、それが問題だ〈階段〉

私の住む家は、屋根やら壁やらにタンポポが植わっていたり、家の中は楢のムクの大きな板で床から天井まで張り巡らされ、言ってみればヘンな家で、そのヘンさを私としては自慢にしているのだが、末の娘の友達が遊びに来た時の反応は意外だった。

タンポポや楢の板についてはチラと見ただけで、「どうしてタンポポなの」とか聞いてくれない。これまで来た大人はきまって聞いてくれたのに。代わりに、彼女らは言う「おじさん、階段上っていい」。二階に行ってもいい、なら分かるが、階段上ってもいい、とはヘンな聞き方だと思いつつ見ていると、小学校高学年の彼女らは、階段を上ったり下りたりして、キャキャキャキャと声を立てている。いくら箸が転んでもおかしい年頃とはいえ、階段が傾いているのは当たり前で、何がそんなにおもしろいのか。

「おじさんち、階段あっていいネ」

「……」

しばしの……の後、おじさんはすべてを理解したのだった。

マンションに住んでいると、自分の階段はない。このまま都市化が進み、集合住宅が増えるなら、二十一世紀の日本は、無階段階級が国民の大半を占めることになるだろう。マア、それもいい。考えてみれば、日本の住宅や建築の長い長い歴史の中で、階段が重要な位置を占めたことなんかほとんどなかったのだから。

私にしてからが、信州の田舎に生まれ育ったから、生まれたときの茅葺きの家にも、小学二年生の時に建て替えた家にも、二階に上る階段はなかった。平屋で二階がなかったから当然だろう。高度成長期まで田舎の家はみな平屋だった。明治になってから養蚕の場として屋根裏部屋が充実するようになるが、それはあくまで生産施設としての擬似的二階であり、階段であって、日々の生活が二階で展開されて階段が登場したわけではない。

田舎だけじゃなくて都会だって似たようなもんだった。少なくとも江戸の町は、厨子《ずし》二階という屋根裏部屋はあった。が、ちゃんとした二階の部屋はごく限られていた。理由は、大名行列や将軍のお成りを上から見下ろさないように、と言われているが、それよりなにより、二階を必要とするほどの面積的内圧がなかったに違いない。

と書いてから、本当はどうだったんだろうと考えているが、人口百五十万ともいう当時の世界最大の都市において、面積的圧力がなかったはずがない。絶対にあったが、しかし、平屋のまま都市を横に広げる方法で解決してしまった。

どうして二階を上げようとはしなかったんだろう。二階にすれば都市の面積は半分で済むのに。大名行列うんぬんもあったかもしれないが、しっかりした扉を付けて閉めさせればよかったはず。首都の江戸がこんなんだからほかの城下町や宿場や京の都もおして知るべしで、日本の都市は平屋がビッシリと埋めて、横へ横へと広がっていた。宵越しの金も階段も持たねえ日本の農・工・商。

農工商はそうとしても士はどうか。士にはお城の天守閣があるではないか。たしかに下から上まで延々と階段で上ってゆくが、しかし、あそこに人が住んでいた痕跡のないことは松本城なり姫路城に行ったことのある人ならご承知の通り。天守閣のオーナーのお殿様は、天守閣の足許に広がる広大な平屋の御殿の中で奥女中に囲まれて暮らしていた。各地の殿様も、将軍も平屋暮らしだった。

そのさらに上流には京都の御一家がましますが、やんごとなき方が家の中の階段を上ったり下りたりしている様子なんて想像だにできない。

が、階段のある住まいが全くなかったわけではない。金閣寺、銀閣寺、西本願寺の飛雲閣なんかはどうか。確かにちゃんとした二階があって、階段もついている。紀州徳川家の臨春閣（現・横浜三溪園）も二階付きだった。しかし、その用途はというと、いずれも本邸じゃなくて、時々遊んだり、人を招く時に使う別荘的用途に限られている。

似たようなものとして、旅館や料亭にも二階建ての例はあったらしい。吉原も加えていいだろう。映画によると、新撰組が討ち入った京の旅館の池田屋は、階段から志士がドタドタ降りてくるシーンがあるから、二階建てだった。ただし、幕末になってからの

二階建ての可能性が高いが。

お寺や神社や奉行所といった記念性や公共性のある建物は考えるまでもなく、平屋であった。

少数の例外はあるけれども、日本列島に住む人々は、古来、無階段階級に属していたのだった。

それにひきかえヨーロッパを見ると、階段なしの建物なんて、である。住宅では古代ローマの都市で一般化していた。それが大邸宅や宮殿に取り込まれ、室内空間の主役を張るようになったのは、ルネッサンスからで、玄関から入ると、高い天井の玄関ホールがドーンと広がり、その正面に階段が待ち受けるという演出がはじまる。このいかにもの演出は、パリのオペラ座で頂点に達し、さらに開国した日本にも伝わり、階段は、権威と豪華の元締めの地位を占めるようになる。外にあっては塔、内にあっては階段、この二つが明治の西洋館の二大エバリ装置となる。たしかにマア、天守閣や別荘や池田屋のただ木の踏み板が並ぶだけの貧相な階段しか知らなかった日本人にとって、光の降り注ぐ豪華な大空間の中を上昇してゆくヨーロッパ流階段は印象深かったことだろう。

戦前に造られた博物館でも西洋館でも、時には銀行やオフィスビルでも、玄関から入るとすぐ堂々たる階段が待ち受けているのは、こういう事情によるのである。

さて、話を元に戻して、どうして日本は、都市を平屋のまま横に広げることにばかり熱心で、ヨーロッパのように二階、三階にして上に伸ばす道を選ばなかったのか。もしそうすれば、ヨーロッパに負けない左甚五郎作とかカラクリ儀右衛門のとかさまざまな印象深い階段を生み出していただろうに。

理由は、日本の人々が、上下の移動を不可欠とするような暮らしに、なにかなじめないものを感じていたからじゃあるまいか。分かる人にしか分からない説明になってしまうけれど、日本人の体と心のなかには、水平に動くのはいいが垂直は不自然というヘンな感覚が澄んだ水のように溜まっているように思われてならない。

伝統的な日本とヨーロッパの身体表現の差について、たしか武智鉄二が言い出したことと記憶しているが、日本の場合、能も舞も相撲も柔道も、スリ足を基本とし、水平に水平にと体を運ぶ。一方、ヨーロッパは、ダンスやボクシングに見られるように、床を蹴って跳ね上がり、垂直に動く。

大地の上を水平に、大地の上で垂直に、この身体感覚の差が、日々の暮らしの中ににじみ出て、日本の建築や住まいは、見るに足るような階段をついに生み出すことはなかった、と考えたらどうだろう。

さらに言うなら、垂直感覚の階段は生み出し損ねたけれど、水平感覚には磨きをかけ、階段に負けないような畳敷きや板敷きの見事な床を生み出したのだった。

床下の偉大なる功績〈縁の下〉

もう三十年以上も前のことだから許していただけると思うが、女子校の縁の下にもぐり込んだことがある。

高校の文化祭の時だった。何日も泊まり込んで準備をし、万端ととのい、いよいよ明日はオープンという夜、男子校でモンモンしてる数名のガキ共は何か悪さをしたくなったのだった。前の年、先輩たちは隣の女子校の前庭に立つ〝すこやか〟という裸の女性銅像にパンツをはかせた。これには翌日校長を通して猛烈な抗議があり、〝犯人を差し出せ〟ということになったが、誰も口を割らず、結局学友会（学生自治会）の会長が自ら処分を引き受けて一件落着した。

何をやろうか。またパンツをはかせるのも芸がないし、と思案しながら、深夜一キロほど離れた女子校に到着し、まずは敵情視察。校舎の周りを歩くと、校庭に面した合宿所の軒に薄明かりがついている。忍び寄ってみると、靴がたくさん並び、どうもどっかのクラブの合宿中で、すでに室内では就寝中。ムッフッフ、今年の獲物はナマがゴロゴロ。

獲物を目前にすると知恵は働く。ガキ共は、近くの用具室からバケツを持ち出し、水を目一杯入れ、縁側に上がり、引き戸を音もなく開けると、一斉に部屋の中に向かってバケツの水をブチまけた。そして、脱出した。

が、部屋の中から悲鳴とも叫びともつかぬ声が湧き上がった後の敵の反応は意外に素早く、軒の電灯は小さいのから大きいのに一斉に点じ変えられ、逃げ道に予定していた校庭は明かりに照らし出されてしまった。

どうする。明かりを避けるようにあわてて身を伏せると、そこには暗闇があるではないか。そう、縁の下。急いで身を横たえて転がり込み……。

翌日、例年と同じように抗議があったが、〝犯人出せ〟の要求はなく、ホーム・ルームで抗議のあったことが伝達されただけで、おとがめはなかった。おとがめはなかったが、一時間以上も蚊に食われっぱなしのかゆさはなくならなかった。

日本に生まれてよかった。欧米や中国などではこうはいかない。煉瓦や石造りだと、壁がグルリと地面から立ち上がり、もぐり込めるような縁の下や床下はない。木造で床を張る場合、床の下に空間は発生するが、もぐり込みの可否という点は同じで、日本のように独立基礎（石の上に柱を立てる）にせず、布基礎（石や煉瓦の連続した基礎の上に柱がくる）だから、外からもぐり込むことはできない。

縁側はないし、もぐり込める床下もない。これが欧米や中国の建築の基本だが、例外もある。アメリカ南部の開拓期に根を持つ木造建築は、日本の縁側同様、厚板を張ったヴェランダが張り出し、床下もちゃんとあり、おまけに床下が高い。湿気よけと通風を考えての高床式というわけである。

これでは日本の床下自慢ができなくなってしまう、と私は長い間心配していたのだが、数年前、初めてアメリカ南部を回ってみて安心した。南北戦争の時の南の大統領の家なんか、たしかに、日本の神社に負けないような高い縁側や大きな床下ではあるのだが、もぐり込むことができないようになっている。具体的に言うと、ヴェランダの先端位置に細長い板を格子状に組んでスクリーン化しているから、床下はもとより、縁の下も見ることも入ることもできない。

日本の神社やお寺も人や犬がもぐり込まないよう、似たようなことをしている場合もあるが、縁側の下だけは必ずオープンにしてある。この点がアメリカとはちがう。

人の入り込める空間があれば、そこには必ず文化が芽生える。床下文化である。たとえば、忍者文化。もし、床下と天井裏が日本建築になかりせば、黒ずくめの忍者の出現はなかったかもしれないし、となると『忍者武芸帖』も『忍びの者』も『くの一忍法帖』も生まれなかっただろう。となると日本が世界に誇るマンガ・アニメ文化も生まれなかった。

考えてみれば日本の忍者は奇妙だ。外国でいうならスパイ、諜報員ということになる

が、彼らはいかにもそれらしい格好はしないのが鉄則。ごく普通通りの市民やサラリーマンを装い、世間の目をあざむく。ところが、わが忍者ときたら、ハナから忍びの者らしい姿で登場し、飛んだり跳ねたり身を潜めたり。

洋の東西を問わず秘密活動従事者のファッションに求められるのは、周囲の視覚的環境に紛れ込んで目立たなくなることだろう。欧米のスパイが、地味なありふれた（007のような派手目もあるが）背広姿をするのは、そのためにちがいない。では、わが忍者は、どういう視覚的環境の中に紛れ込むべくあんな出で立ちになってしまったのか。賢明な読者にはミエミエの問いで、答えるのに少し恥ずかしいが、そう、床下と天井裏の暗がり環境の中で、自然淘汰され進化してきた姿だった。

目を閉じて想像してほしい。月夜の晩、背広姿の者が、人に追われて縁の下にもぐり込んだり、天井裏に潜んでフシ穴から下を覗くシーンを。いかにも似合わないだろう。

これだけ言っても、忍者の姿形と床下、天井裏の密接な関係を疑う人には、決定的な証拠を示そうと思う。体格である。例の黒ずくめファッションはなぜか小柄の人が似合う。大男は間が抜ける。大柄の人には背広がよく似合うのといい対比をなしている。

忍者のファッションが小柄の人向きなのはなぜか。これもミエミエの問いになっているが、床下と天井裏に忍び込むためなのである。とりわけ床下は狭く、どうしても小柄でないと移動しにくい。

日本建築の床下の存在が忍者文化を生んだことを納得していただけたと思う。

忍者文化だけでなく、さまざまな文化が日本の床下から育っている。アジール（公権力の及ばない特別区域）化していた中世寺院の縁の下から発生したという乞食文化。私などが子供の頃によくやった隠れんぼ文化や宝隠し文化。野良猫文化。

ソウダ、火薬文化もそうだ。村の神社や古い家の床下にもぐり込んだときのことを思い出していただきたい。床下特有の乾いてほこりっぽくて独特のニオイの漂う地面の所々に白い粉が吹いていたはずだ。あれが硝石で、輸入硝石の乏しい鉄砲草創期には、床下にわずかに析出してくるのをていねいに集め、木炭粉と硫黄と混ぜて黒色火薬を作っていた。革命は銃口から撃ち出され、その銃口の中身は床下から撃ち出されたのだった。

アヤシゲなことばかり書いてきたので、最後にひとつ、確かなことを。床下の存在が可能にした日本建築の美について。

一般に、日本の伝統的建築の美しさはヨーロッパのように壁じゃなくて屋根にあるといわれる。流れ下る大きな屋根の美しさはたしかに日本独自のものだ。しかしもし軒の下の大きな暗がりがなかったらどうだろう。陽を受けて明るくおおらかに輝く屋根は、それだけでは苦労知らずのオボッチャンみたいで単純すぎよう。軒の下の陰影の存在が明るい屋根に深い味わいを与えている。ここまではよく言われることなのだが、もう一つの陰影も忘れてはならない。縁の下に生まれる陰影である。日本の伝統的な建築は、やや離れて眺めると地面のところに陰影が横一文字にただよい、その上には光を照り返す縁側があって、そこから白い障子の面が立ち上る。そして障子の上端の辺りからまた深い陰影がわだかまり、その上には屋根が明るく輝く。明と暗、この二つの帯の重なり合いによって日本の建物の外観は成り立っている。

日本の伝統的木造建築の奥深い味わいは、陰影によって支えられてきたのである。これこそ縁の下の力持ち。

アサガオ復活への主張〈便所〉

小学生の頃、今の子供たちはどうか知らないが、学校でウンコをするのは恥ずかしいこととされていた。男子便所にも大用ブースはもちろんあったが、よほどセッパつまらないかぎり入らない。万一不幸にも朝食べたものが悪くて、セッパがつまり、利用する羽目になると、〝○○はオンナベンジョにヘエったズラ〟と級友たちから陰口たたかれるのだった。このことは山国信州だけかとも思ったが、東京育ちの南伸坊氏や九州育ちの赤瀬川原平氏に聞いても同じというから、少なくともある時期の日本の少年文化だったのである。

小と大に決定的な差を見ていたのだ。小は土手に並んで遠くまで飛ばしっこしたり、ひっかけっこしたり、みんなで共有する楽しいものなのに、大の方は、共同体の目の光っているところでは知られるのすら恥ずかしい。小は公然、大は非公然。

それは少年だけ、男だけ、との声が元少女の読者の皆さんからあがるかもしれない。たしかに、学校では、いや学校以外でも、現代の女性に、大と小を分けて考える場も機会も幸か不幸か与えられていないから、そう思うのは当然だが、かつては女性だって、小は公然、大は非公然状態だった。

昭和二十年代の田舎では、おばあさんが、田んぼのあぜ道の上で、公然と着物の裾をたくし上げて、後ろ向きに立ち小便する姿を見かけることができた。それは田舎の未開な習慣と思って、安心してはいけない。イギリスだかの由緒ある全寮制の女子校では、今でも昔ながらの小の伝統が堅持されているという。

大と小を分けたうえで、大は非公然、小は公然とする習慣は何に由来するんだろうか。おそらく、元の元までたどれば、猿が樹から下りて、サバンナで二本足歩行を始めたときだろう。まだサバンナきっての弱虫にすぎなかったご先祖様たちは、いつもビクビクと周囲に気を配って暮らしていた。立ったまま可能な小は、あたりを見回すこともできるし、姿勢も緊急事態への即応性に富んでいる。ところが、大はそうはいかない。しゃがむしかないから、草原でしゃがむと、自分はあたりを見回すことができなくなるのに、小柄でおとなしい弱虫猿をねらう肉食動物の方からは何をしてるか丸見え。二本足の猿は、立ち上がることで嗅覚を捨て視覚の動物に育ったが、四本足の連中はあいかわらず鼻で見ているのだ。お尻隠してニオイ隠さず。「花を摘んでます」ではすまないのだ。

そのうえ、姿勢は緊縛状態。

意識状態もまことによろしくない。小はあたりを意識しながら可能だが、大はそうはいかない、と思う。他を意識し、緊張感を持ちながら可能だろうか。気持ちを内向させ、

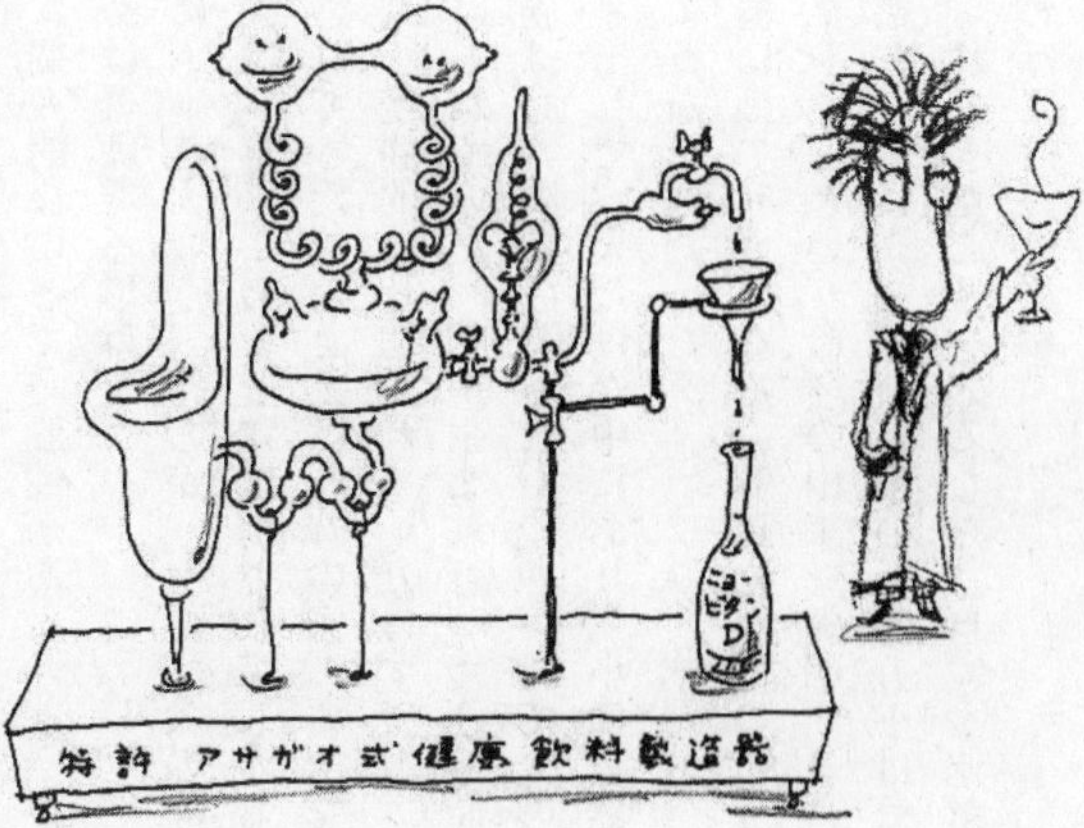

ニョービタンD
特許 アサガオ式健康飲料製造器

視聴覚を閉じ、ひとまず意識を空白化しないと、出るものも出ないのではあるまいか。あまりに個人的なことで一般性があるかどうか知らないが、私にはそう思われるのである。姿勢は緊縛、意識はマッシロ。これほどの危険はない。隠さなければ、気取《けど》られないように――こういう気持ちが、やがて大の非公然性を生み出したのではあるまいか。

小と大は、本来このように区別されてしかるべきなのだ。そして、長いこと、正しくも区別されてきた。たとえば、昔の家の便所を思い出してほしい。大と小の間には戸が立てられ、空間的に仕切られていたはずだし、大便器、小便器は全く別の形態のものが取り付けられていた。私が生まれ育った江戸時代に造られた民家では、家の中のは客用で、家族は庭の隅に設置された〝一戸建て〟の外便所を日頃使っていたが、小便器は外壁にムキ出しで、大だけが中にあり、小は公然、大は非公然の原則をそのまま一戸建てにしたような形式だった。

小便器にはアサガオなる『源氏物語』のように優美な名があるのに、肝心の大便器はキンカクシなどという命名の由来を説明するのも恥ずかしい露骨な名が付けられているのはなぜか、という読者の年来の疑問も小は公然、大は非公然の原則が長いこと家庭の中で守られてきたことを知るなら、自ずと氷解するだろう。非公然なものに美しい名を付けるわけにはいくまい。

ところが、戦後になって、この長い長い伝統が、崩れてしまった。マンションでも郊外住宅でも、そしてあなたの今住む家を振り返ってほしい。優美なるアサガオはもう咲いていない家が大半ではあるまいか。戦後の住宅は女性中心を旨として発達し、そのなかで、二つのものが戦前的男中心主義の遺物として、葬り去られたのだ。ひとつは、〈台所〉の項に述べたお座敷の象徴としての床柱。そしてもうひとつが男中心、というか男しか使わないアサガオ。床柱ほど目立たないから、戦後住宅史の中でも、論じられもせず、ひそかにアサガオは枯れた。便所の面積に合理性を求めた結果ではなく、男専用という性格が、女性中心イデオロギーに敵視された結果だろう。イデオロギーは微少な差異にこそ鋭く視線を注ぐことによってイデオロギーたりえているのだからしかたがない。

しかし、私は絶望していない。大と小の区別という人類成立このかたの便所の原則は、二十一世紀には再び注目されるだろう。といっても男の復権とかではない。意外にもエコロジーからの要請。

エコロジーは、製造業にリサイクルを求め始めている。わが建築界も建設廃棄物の処理を問われている。製造業はじめすべての「業」に求めた後、最後に人体にもリサイクルを求めるに違いない。

人体の廃棄物問題である。糞尿のリサイクルである。

リサイクルを意識した廃棄物処理には一つの鉄則がある。これは家庭ゴミも建設ゴミも同じで、分別すること。ゴチャ混ぜはだめ。廃棄過程の最初の地点で分別しなければならない。

二十一世紀の糞尿処理のテーマは糞と尿の分別にある。分別によって初めてリサイクルが可能になる。分別された糞は、水気が少ないから乾燥が楽で、カラカラになって臭気もべたつきもなくなれば、どうリサイクルするにせよ後の作業は難しくない。

尿は、まず自分のは自分で飲む飲尿健康法が下水道局によって奨励されると思うが、飲めない人は貯めておいて売ることになる。それを製薬会社や化粧品メーカーが買い取り、尿の中の男性ホルモンを回収するのである。現在は海外を中心にあちこちから苦労して集め、たとえば女性用のクリームに混ぜているが、純国産化が可能になる。日本女性のモチ肌には原料も日本人のが合ってるのは当然だろう。

大と小は、形状的にも成分的にも共通性はない。一つは消化器系で、一つは循環器系の産物で、似ているわけがない。それを、出てくる口が近いのを口実に一緒にしていいはずはないだろう。

日本のアサガオ満開の朝は近い⁉

風呂はなぜ閉鎖的空間か〈風呂〉

住まいや建物にかかわることで、その場にいるみんなが盛りあがる話題といえば、これはもう風呂と便所につきる。たいていの人が、それまでの人生で一回くらいは、風呂と便所についてヘンな経験や珍しい体験をしているものなのである。それも、親しい仲間でないとちょっと口にしづらいような。

たとえば私の場合は、子供の頃、〈回り湯〉というものに入ったことがある。ことが、あるなんて珍しい経験みたいに書いてしまったが、本当は三日に一ぺんは入っていたことがあるのである。回り湯といっても回転風呂ではなくて、村の十一軒の共同風呂で、正確には共同風呂桶を三日に一ぺん各戸に回す。ようするに、風呂桶のタライ回し。家で御飯を食べた後、風呂だけは近所の家に行って入るのである。七十戸の村にこういうグループがいくつかあった。おそらく、風呂桶が高価であったのと、風呂を沸かす手間が大変だったからだろう。火を焚くのは問題ないとして、水道がない時代には、井戸や川から水を汲んで桶に入れるのが重労働。

貴重な燃料と水を大量に費やす風呂という施設は、都会であろうが田舎であろうが、おおかたの人々にとって共同利用しかなかった。そして都会では銭湯が成立し、銭湯が成立するほどの人のいない田舎では状況に応じてあれこれ工夫した。長野県諏訪郡宮川村高部の集落では、それが回り湯だった。他の集落、他の地方ではどんな工夫がなされていたのか知りたいが、残念ながら、〝高度経済成長期以前における田舎の入浴慣行調査〟というものはなされていないようである。

その昔、風呂というのはごちそうだった。近年はそうでもないが、かつては地方の旅館や友人の家に泊まりにゆくと、女中さんや友人の母が風呂をすすめる時の態度や言葉のはしばしに妙にリキが入っていたものだが、風呂が食事とならぶ二大ごちそうだった長い日本列島の歴史の名残と今にして思う。

こう書きながら、日本の銭湯が近代以前には蒸し風呂形式だったのは何故かについて、改めて考えている。現在の銭湯は、オープンな浴槽に入るが、江戸時代を通して、蒸し風呂形式をとっていた。洗い場の向こうに立派な作りの板の垂れ壁があって、その下方にはザクロ口と呼ばれる腰の高さくらいのスキ間があいており、そこからもぐり込むようにして中に入ると、浴槽があり、またいで入る。しかし〝イイユダナ、ハハン〟というわけにはゆかない。なんせ、お湯が膝くらいしか満たされておらず、座ってもおヘソが隠れるくらい。その代わりといってはなんだが、垂れ壁のおかげで湯気は十二分にこもっている。銭湯のオリジナルの形式は、半蒸し風呂だった。

どうも、わが列島の入浴形式の原型は、湯の風呂ではなくて蒸し風呂だったらしい。証拠は銭湯以外にもたくさんあって、たとえば現存最古の東大寺などの風呂は、蒸し風呂だし、もっとも古い形式を伝えるといわれる京都の〝八瀬の釜風呂〟も蒸し風呂。東大寺のは、銭湯同様、熱い湯を密閉した小さな空間に注ぎいれて蒸気をこもらせるやり方だが、八瀬の釜風呂は、熱くした石に水をかけるという原始的形式。

江戸の銭湯が湯と蒸気の半蒸し風呂形式だった理由については、昔からの蒸し風呂の伝統を引き継いだ、とこれまで説明されてきたが、本当の理由は、浴槽いっぱいに湯を満たすのが重労働だったからではあるまいか、と、この文を書きながら思いいたったのである。

明治になって銭湯の半蒸し風呂形式が禁じられたのは、暗がりの手さぐり状態のなかでの男女混浴が風紀上よくないのと、不衛生の故といわれているが、近代化のなかでエネルギーと給水の事情が好転していったことも影響しているにちがいない。

日本人の入浴行為は、長い間閉鎖的空間のなかで営まれてきたのである。とこう断定した後、温泉が頭に浮かんできて確信が揺らぐ。野山に湧き出る温泉への入湯はそうではない。

温泉といえばこれはもう開放的な露天風呂なしにはありえない。たしかにそうで、ここ十数年の温泉ブームは、若い女性客のグループが露出風呂に入る光景とともに盛り上がってきた。混浴の露出風呂にバスタオルを巻いて入るのだけは止めて、露出風呂業界におかれては何かもっといいファッションを考えてほしいものだが、とにかく、温泉と言えば露出風呂。……今気づいたが、文の途中から露出風呂と書いてしまっている。露出風呂というのは浴槽が外気に露出しているという意味で、筆者に他意はないと思うが、「若い女性客のグループが」というフレーズから誤記が始まったところに若干の不安は残りますが……。

しかし温泉は本当に露天風呂とともにこれまで歩んで来たんだろうか。私見によれば、温泉ブームとともに始まったごく新しい風習ではあるまいか。もちろん、山の中の一軒宿や宿もない河原の自然湧出地なんかにはそういう習慣もあったでしょう。しかし、弘法大師の杖の先から湧き出たとか白鷺に教えられたとかの伝説を持つ由緒あるちゃんとした温泉地はそうではない。たとえば、古温泉のトップの地位にある道後温泉のかの名高い共同浴場に入りに行くと、地下室みたいな浴場空間にビックリする。実際、地面より掘りそうとう掘り込んだところに湯はたたえられている。温泉が自然に湧く地面の回りを掘り下げ、湯をため、その中にザンブラコと入ったのが温泉での入浴の原型とするなら、そこからスタートして、より深く、より広く掘り、風雨を防ぐため屋根を置き、という状態を経て、地下室的形式へいたるのは当然だろう。

銭湯はむろん、温泉地においても、日本人は、閉鎖的空間で入浴していたのである。

このことは、意外に、現代のわれわれの入浴観にも影を落としているんじゃあるまいか。そうとう立派な面積のゆとりのある住宅を訪れても、お風呂は、家の隅の方に閉鎖的空間としてつくられている。ふつうの床より一段低くなっている場合も少なくない。もちろん、プライバシーとか保温とか配管とかいろんな事情があってそうなっているにちがいないが、私としては、その背景に長い長い閉鎖的空間での入浴の歴史を感ぜずにはおかない。そして、露天風呂の突如のブレイクは、そうした無意識下の歴史への反動現象ではあるまいか。

女性向けの露天風呂出現が日本の温泉地と旅館のあり方を決定的に変えた。それに気づかぬ、昔ながらのバス旅行相手の温泉街は、熱海に象徴されるように閑古鳥の巣と化しはじめている。露天風呂が日本の温泉を救ったともいえよう。とすると次のテーマは、当然、露出風呂ということになるはずだが、何をどう出せばいいのかどうも判然としない。表参道のカフェのように通りを眺めながら風呂に入るというわけにはいかないし。

それももう一つ判然としないのは、反動現象としての家庭の風呂の露天風呂化は果たしてこの先あるのかどうか。もし、あるとして、温泉地同様に日本の住まいを救うことになるのかどうか。

かくして雨戸は嫌われる〈雨戸〉

木造住宅の設計において、施主と建築家と大工さんの間で、その採用を巡って意見が大きく分かれるものがいくつかある。一つは二階のヴェランダで、施主は付けたがるが建築家と大工は嫌がる。確かに布団を干したり鉢植えを置いたり、施主の日々の暮らしには都合がいいが、大工の立場からするとヴェランダは付け根から雨漏りするし、建築家から見るとデザイン的に野暮ったくて気に入らない。

もう一つは、雨戸。こいつについては、施主と大工が連合軍を組んで建築家と対決することになる。その勝敗はというと、例えば芸術性の高い住宅ばかり掲載する建築雑誌でチェックすると、木造住宅で雨戸付きはわずか数軒。ジャーナリズム事情に疎い地方の若手建築家が、雨戸付きの自作の写真を編集部に持ち込むと、編集長から「こんなモン取っ払ってから出直してコイッ」とドヤされるのがおち。

ところが一方、ご近所をちょっと見回ってもらうと分かるが、雨戸のない家なんて滅多にない。さすがに昔式の杉板の雨戸はないにしても、アルミ製のヨロイ戸状の雨戸が、昼間なら戸袋に収まり、夜ならば引き出されているはず。私の家の周りも私の家を除くと、例外なく雨戸付き。

どうしてこんな差が生じてしまったんだろう。

原因を探るため、雨戸の由来からたどってみよう。

まず、雨戸の原産地の可能性のある大陸の雨戸事情はどうか。隣の朝鮮半島と中国には意外にもない。朝鮮半島の民家は、夏用の開放的な部屋と冬用のオンドル部屋の二つがあるが、夏用はむろん冬用も障子があるだけ。中国も紙張りの格子窓はあるが雨戸に当たるものはない。寒冷地では、窓にフェルトを押しつけて寒さを凌ぐ。

ヨーロッパはどうか。もちろん、日本式の引き戸の雨戸はないが、代わりにヨロイ戸や板戸がガラス窓の外側に付けられている。正確には、そういう場合がある。付いてる場合を調べてみて驚いたが、著しく南北で違っている。

読者はヨーロッパの北と南でどっちの窓に板製のフタがしてあると思われますか。風雨が強く寒さの厳しい北国ほど多いはずなのだが、事実は逆で、イタリア、スペイン、フランスは付けるが、より冷涼なイギリス、ドイツそして北欧にはない。窓にフタをするのは暖かい地域、風雨の弱いところなのである。ということは、ヨーロッパのヨロイ戸や板戸を雨戸の代わりと考えるのは間違っている。雨を防ぐためじゃなくて、日射しを遮るためなのだ。雨傘じゃなくて日傘。雨戸じゃなくて日戸。

多雨の東南アジアはどうだろう。伝統的な民家には、窓の外に竹で編んだハネ上げ形

式のフタがしてあるからこれが雨戸といえばいえるが、雨だけじゃなくて風も外敵も防ぐための多目的戸、ようするにこれ一枚しかないから日本の雨戸と一緒にはできない。

どうも、雨戸は日本の特産品らしいのである。

日本の事情をふり返ると、原始時代に草や竹で編んだハネ上げ式のフタが始まり。これが次第に発達して平安時代に蔀戸《しとみど》になる。今でも京都御所や古い寺に見られるが、格子状の重い板戸で、ヨイショッとハネ上げて、軒に垂れる金物に先端を引っかけて固定する。

次に現れたのは障子で、紙漉《す》きの技術と共に飛鳥時代に大陸から入るが、入った当初は引き戸形式じゃなくて扉形式だった。それが平安時代の中頃から、引き違いになり、今日の障子が生まれる。障子と同様の板の引き違い戸（遣戸《やりど》）も現れ、中世に入ると、このふたつが手を結び、板と紙のセットで内外を仕切る日本独自の形式が成立するのである。

雨戸は、しかしまだない。雨戸の前身ともいうべき板戸は生まれたが、障子と寄り添っており、縁側はその外に露出して風雨に打たれたまま。縁側の縁に立って、縁側を守ってこその雨戸。ではいったい、いつ、縁側は雨戸にガードされ、室内通路として安定した地位を確保できるようになったのか。

面白い話が伝わっている。天正十四（一五八六）年徳川家康が軍勢を率いて初めて上洛した折りのこと、京の都に夕陽が落ち、さあ夕餉《ゆうげ》というその時、陣内に思わぬ緊張が走った。陣を敷く屋敷の周囲の町から、にわかに音が立ち上り、通りがざわめいたのである。スワ秀吉軍が押し寄せたかと、外をのぞくと、家々の外回りは、何処から取り出したのか薄い板戸が立てられている最中。見ると、壁の端から手品のように板戸が引き出されてくるではないか。

家康上洛の時期には、京都で生まれた雨戸は、まだ東日本に届いていなかったのである。国元に帰った家康が自宅に雨戸を取り付けさせ、開けたり閉めたりしてみたのは言うまでもない。

このように長い歴史を経て成立した雨戸を、さて、どうして現代の建築デザイナーは邪険に扱うのか。雨戸の効用は防犯、防風、防雨とまことに多岐にわたり、あると無しでは窓の耐久性がまるで違うというのに先端的な建築家連中は嫌うのか。

その理由を私は知っている。私も住宅の設計で戸袋の扱いには苦労させられたから身にしみて知っている。実は建築家は雨戸が嫌なのではない。夜は見えないし、昼になればなくなるのだからそれ自体は構わないのだが、コイツの保護者が許せない。雨戸が夕方になるとそこからはいずり出て、朝になるとその陰に隠れる戸袋がにくい。

敵チームから見た横浜ベイスターズ時代の佐々木投手というか、コイツが出てくるとそれまでの苦労が台無し。とどめ。

住宅の外観は人間でいうと顔面にあたるから、建築家はその造形に力を注ぐ。女の人が注ぐに劣らないくらい注ぐ。窓は目、出入り口は口、左右の壁は頬、窓の上の壁は額、屋根は頭髪。いずれもあるべくしてあるものだから、より美しくよりさわやかにデザインするのだが、雨戸と戸袋のところで困惑してしまう。マブタといえなくもない雨戸はがまんするとして、戸袋はいったい何なのか。目の脇、頬の上のところにかぶさる四角な袋状の突起。こういう取って付けたようなシロモノは人の顔にはない。もし見目麗しい女性が、麗しくなくても、両の目尻のところにぶ厚いバンドエイドを貼り付けて通りを歩いていたらどう思うか。目をそらすだろう。それと同じなのである。

建築家が戸袋を嫌がる気持ちを、わかっていただけたでしょうか。

ヴェランダ・布団連合と建築家の対立〈ヴェランダ〉

布団というのは家の中でちょっと変った存在だと思う。衣類や食器とちがって一人一つに決っているし、時々一斉に外に出て人目にさらされる。ある晴れた日曜日の昼下がり、住宅地を歩くと、たいていの家の二階のヴェランダに、お父さんの布団、お母さんの布団、お姉さんお兄さんの布団が仲良く並んで日なたぼっこしている。家の中の物品で家族団欒能力のあるのは布団だけ。

はじめてヨーロッパに出かけた時、住宅地の光景が日本と決定的に違うのに目を見張った。緑化の具合、仕上げの材の差、あれこれあるが、どうも一番のポイントは家族団欒する布団を見かけないことだ。さすが個人主義の国、というほどのことではなくて、ヨーロッパには布団というものがそもそもないし、ないから布団一家の日なたぼっこのためのヴェランダという空間も必要ない。

独立住宅はむろん集合住宅にもヴェランダに布団の並ぶ光景は見られないから、なかなか美しい町並が可能になる。たしかにこういうフトンレスな光景とくらべると、日本のフトンフル状態は美的に劣るように感じられてくる。こうなると布団への評価は逆転し、家族仲良しの象徴どころか、お父さんとお母さんの夜の秘密やお姉さんお兄さんのプライバシーを、言ってしまえば家の内臓を外に引きずり出して人目にさらしているような恥かしさすら覚える。

布団は家族の肖像なのか、はたまた破れ出た内臓か、こうした深刻な問いを引き出してしまった責任はひとえにヴェランダにある。ヴェランダのやつさえいなければ、日本の布団は、夜は畳の上、昼は押し入れの中でぬくぬく過せたものを。

そのヴェランダが今回のテーマ。日本ふうにいうと縁側が主題。

日本の縁側の起源は今のところ古墳時代までしか遡れないが、おそらく弥生時代に稲作とともに伝わってきたものだろう。古墳時代の銅鏡に描かれた例を見ると、今のように庇《ひさし》の下の細長いものではなくて、室内なみの広さを持ち、吹き放しになっていた。中国の雲南やタイ山中の少数民族の映像によく出てくる形式と同じで、もちろん起源はあっち。

南方の生活には、北方にはない二つの敵がいる。一つは強い日射しで、もう一つは蚊。気温はいくら高くなっても三十五度ていどだが、強い南方の日射しに焼かれると頭部などは五十度近くに上るし、皮膚もやけどするほど熱くなる。この直射日光さえ防ぎ、通風をよくすれば、つまり樹の下状態を人工的に作れば、熱帯といえどけっこう暮せる。日陰で風さえあれば夏の東京よりずっと過しやすいことは、ハワイやバリに行った人な

建築家VS大工・ハウスメーカー
オヤマア
何だこんなもの
オイオイ何するんだヨー
文明開化以来ヴェランダの闘いははてしなくつづいている

らよく知ってるとおり。

ハワイやバリといった有名リゾートでは蚊の心配はないが、本来の熱帯の蚊のパワーはたいへんなもので、夜昼を問わず血をぐんぐん吸い取り、代りにマラリヤをはじめとする病原菌をたっぷり置いてゆく。

この二つの敵の両方に唯一有効なのが高床の縁だった。屋根は日射しをさえぎり、吹き放しだから風がよく通る。蚊は地べたに近いところが生息圏だから、床を高くすればするほど寄って来なくなる。疑う人は夏の夕方にでも草むらに立ってみれば分かるが、足や手にはたかるが顔まではほとんど来ない。なお蚊については、別に床を上げなくても蚊帳を発達させる方法でもよかったろうに、という考えもあろうかと思うが、熱帯の蚊は蚊帳くらいは喰い破るかしてもぐって来てしまうそうである。

南方の原住民は、この高床の縁のおかげで、一年中の夏を涼しく過すことができた。

この形式が、米作とともに北上し、やがて日本列島に上陸し、日本の気候風土の中でしだいに変形し、具体的には低く狭くなって家の南側に細長く張り出し、柱のところに戸が立てられて屋内に取り込まれる。縁から縁側へ。

ヨーロッパにはヴェランダも布団干しの習慣もないと先に書いたが、ではどうして明治になって西洋館がドッと入ってきた時、日本古来の縁側はその存在をおびやかされずに今日まで生き延びることができたんだろうか。理由は簡単で、どっと入ってきた当の西洋館にもなぜか日本の縁側よりずっと立派なヴェランダが取り付いていたのである。

大航海時代を皮切りに以後ヨーロッパの植民者と貿易商人はアジアを目ざし、インドや東南アジアに上陸するが、バタバタ倒れてしまう。ポルトガルの植民地ゴアの例だと、数年したら人口は六割に減っていたという。毒矢にやられたわけではない。暑さで体力の弱ったところに蚊の襲撃を受け、マラリヤなどの熱帯病をうつされて病死した。毛穴の足りないヨーロッパ人（毛穴の数は遺伝ではなく、生れた場所の寒暖によるそうだ）に暑さはことさらこたえた。

そこで彼らは原住民の住まいの高床の縁に注目するのだが、なんせ開放的だから原住民の毒矢がこわくてなかなか採用できない。結局、十八世紀後半になり植民地支配が確立してからようやく採り入れ、ヨーロッパ流の箱型の建物の周囲にヴェランダを張り出す形式が成立する。なお、ヴェランダという言葉は、ベンガル地方に入ったイギリス人が現地語から取り入れたものという。

こうして成立したヴェランダ付の西洋館のことを〝ヴェランダ・コロニアル建築〟と言うが、これが、東南アジアを回って北上し、香港、上海をへて、開港した長崎さらに横浜、神戸へと上陸し、さらに国内に広まった。長崎のグラバー邸や神戸の山手の異人館はそうした実例なのである。

アジア南方に生れた縁は、弥生時代に米作とともに日本に入り、それから二千五百年後、ヨーロッパ文明とともにまた入った。日本の歴史の大変革は、縁とヴェランダに乗って上陸したと言えなくもない。

このように縁とヴェランダは、汗のしみた布団を干すなど畏れおおいほど重い意味を持つ存在なのだが、しかしそれを素直に受け容れられない面々がいる。建築家である。幕末の開国とともにヴェランダが入り、明治の前半を通してヴェランダ付西洋館が各地に広まり根を下ろすが、高等教育を受けヨーロッパ留学を果たした日本人建築家はこれを心苦しく感じていた。鹿鳴館やニコライ堂を手がけた英人建築家のコンドル先生は大正期に死ぬまでヴェランダを付け続けるが、辰野金吾はじめ弟子たちは拒んだ。〝ロンドンにもパリにもヴェランダなんてありゃしない。ありゃ植民地のやり方だ〟。以来、今日まで、理由は時々に変わるが一貫して建築家という人たちは、あんなもんやめろと言い張る。しかし、施主としてはこんな便利なものはないわけで、付けてほしいと願う。このプロの言い張りとアマの願いの拮抗によってヴェランダの発現度が変化する。言い張りが願いを言いくるめることに成功すると、ヴェランダは消え、もしかすると建築デザイン誌に登場できるかもしれない。逆の場合、日曜日に散歩の人から眺められるだけ。

建築家がヴェランダを嫌うのは、ついでに言うと雨戸も嫌いで、それはデザインの見せどころの壁面の構成がガタガタになるからだ。中途ハンパに張り付く雨戸は、壁面のさわやかな流れを損ねるし、バンと突き出すヴェランダは、見上げる人の視界をダムのように塞いでしまう。

というような事情がありまして、現代の日本の住宅は、集合住宅も含め、ヴェランダ付とヴェランダなし、の二つに分かれて、陣取り合戦を繰り広げているわけだが、優劣は住宅地を一回りしてみれば明らかで、量的にはヴェランダ付が圧勝で、質的にはヴェランダなしに軍配が上がる。

わが家の境に塀は要るか〈塀〉

さて、この項は、

「向こうの空き地に囲いが出来たんだってネェ」

「ヘエー」

である。

落語で有名な会話だが、落語の舞台の江戸の長屋地帯は本当は塀とは縁遠かった。長屋地帯に塀なんかなかったはずだ。ドブ板が並ぶ路地に直接面して棟割り長屋は建っていた。塀があるってえことは、家と塀の間に少なくとも二、三尺の空き地があるってえことになるが、寸土も惜しい下町の密集地帯でそんな余裕があるはずがネエ。

現在、東京の下町らしい下町として知られる佃や月島の長屋を見にゆくと、まれに塀のある例もないではないが、おそらく、戦後、それも高度成長期以後だろう。長屋の路地に植木鉢が並び、子供が駆け回っているような今日よく見る光景も比較的新しい伝統で、それ以前の長屋が本当に長屋らしかった頃には、路地は長屋の居職《いじょく》（家で手仕事をする職人）が半製品を干したりする貴重な空間で、植木鉢を置いたり子供が駆け回るようなゆとりはなかった。

長屋どころか表通りに店を張る大きな商家だって、道に直接面しているわけで、塀はない。あっても、裏庭の隣家との境とか、目立たないところにかぎられる。

私が塀という存在に関心を持つようになったのは、現在、東京の西郊の住宅地に住んでいるのだが、あまりに塀が目立ちすぎて、腹立たしいからだ。近年のミニ開発を見ると、家と塀の間に一尺ほどの土地もないのに、塀があって門柱が立つ。それも安っぽいブロック塀が多い。庭があるならともかく、庭もないのに塀が家の外側をグルリと巡っている姿を眺めていると、悲しくなる。そこまでして塀を作りたいからには、日本の郊外住宅の住人にはなにか心理的な強迫観念でもあるんじゃないかと疑わざるをえない。

欧米でも住宅が建てこむ地域は少なくないが、広い庭がとれない場合は塀など作らず、道際から建物が立ち上がる。塀をやめた分だけ、道幅が広がるし、歩道もとれるようになる。

京都も江戸・東京も、商家と長屋は無塀状態を町の伝統としてきた。田舎の田園地帯も変わらない。農家に生け垣はあるが、それはいわゆる塀とは違う。塀は門と組になって、敷地を外に対し閉じる働きをするものだが、農家の生け垣には門はなく、閉じていない。誰でも庭先まで入ってゆける。

では、ニックキ塀は、どこに由来するんだろう。下町でも田園地帯でもないとすると、残る場所は、下町と田園地帯の中間、そう、江戸・東京でいうなら山の手あたり。

江戸の山の手には武家が住んでいた。武家の住まいは、大は将軍、大名から小は御家人まで、絶対に塀と門は欠かせない。武士たるもの、身には刀を、家には門塀を帯びるのが習いであった。門はその作りで格式を示し、塀も同じ。

武士たちが門塀を帯びたのは、刀と同じように、戦う道具としてだった。たしかに、敵の屋敷に討ち入るなんてのは源平の頃から戦国時代まで日常茶飯だから、門塀は丈夫に作らなきゃいけないし、立派に強そうに見せると、それだけで威嚇効果は上がるというもの。

門塀は、どこの国でも、源をたどると、戦《いくさ》に行きつく。日本の場合、弥生時代にはすでに集落を守るための柵が巡らされていたし、大陸では都市全体を巨大な城壁と城門で囲むのが一般だった。当初は集落や都市全体を守るための柵や壁が、しだいに個々の家までレベルダウンして塀になったにちがいない。

しかし、さて、門塀の起源を戦とすると、理解に苦しむことが生じる。戦いが無くなった時代においてもどうして門塀は残るのか。少なくとも日本の場合、明治以後、街や村が攻撃にさらされる危険はないわけだし、もしあっても、大砲や鉄砲の時代に塀など何の役にも立たない。にもかかわらず、営々とブロックのセコい塀を作り続けている理由はなんなのか。

その理由は、近代のサラリーマンというものの発生の時までさかのぼる。

明治になってから、はじめて役人というサラリーマンが生まれ、しばらくして民間会

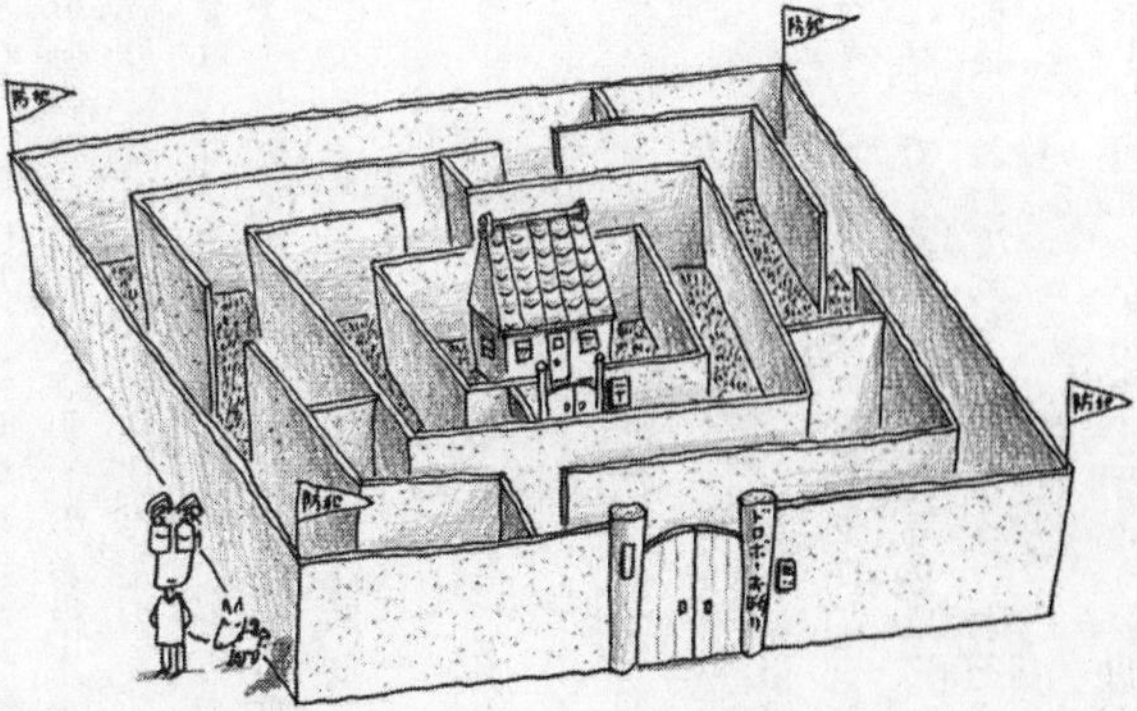
防犯
防犯
防犯
防犯
ドロボー・お断り

社が興されて、社員というサラリーマンが出現する。サラリーマンというと今日では民間会社が主体だが、原点は明治のお役人なのである。

で、彼らはどんな住まいに住んだのか。山の手の武家の空き家に、上役から下っ端までそれぞれのランクに応じて住んだ。サラリーマンは武士の代わりであり、下町の商家や長屋の連中とは気位がちがう。戦う必要もないのに、最初のサラリーマンの皆さんは、高い塀と立派な門を、格式として好んだ。そして、この習いは民間会社のサラリーマンへ伝染し、今日にいたるのではないか。

敵から守る必要もないのに、戦いの道具として発生し発達した塀を作りつづけるのは、本質的にウソがあり、そのウソが、ブロック塀という安っぽいシロモノを生み出した真因だろう。それでもあえて作るなら、上から石でも落とせるようにしてみろ、と私は言いたい。

というと、今でも敵はいる、と反論があるやもしれない。〝男は門を出ると七人の敵がいる〟と言うではないか。たしかに敵や競争相手はどの組織にもあるだろう。しかし、社内のライバルがあなたの家の玄関のドアを蹴破るか？　競争相手の会社の課員が課長を先頭に庭までなだれ込んでくるのか？　そんなメチャメチャなサラリーマンがいたら、今時の社長はおおよろこびだろう。おそらく〝敵がいる〟というただ心理的な圧迫感が塀を作らせているにちがいない。

ドロボー問題はいかがか、という質問にはちゃんと答えよう。この点については、警視庁の防犯課の人にかつて聞いてみた。ドロボーは塀があった方が、入らないかどうか。答えは、どっちとも言えないだった。塀があった方が窓を壊したりする作業が見られなくていいし、塀を足場に二階に上りやすいというドロボーもいれば、塀があると気づかれた時に逃げにくいから嫌だという者もいるそうだ。ただ、塀の嫌いなドロボーも入りにくくていやだ、ではなくて、逃げにくくていやだ、と言ってることに注目してほしい。塀はドロボーの侵入を防ぐためには全く役立っていない。明治のサラリーマンの格式を求める気持ちがまずあり、つぎに、その後のサラリーマンの心理的惰性が重なり、現在の日本の郊外住宅地の塀は作られつづけていると私はにらんでいる。

で、わが家（タンポポ・ハウス）の建設にあたり、試しに塀はむろん生け垣すら作らず、道とツーツーにしてみた。

五年たつが、困ることは一つもない。近所の幼い子供は庭の芝生の上で遊んでいるし、東隣の農家は道を通らず庭づたいに回覧板を持ってくる。開放的でまことにいい。私だけじゃなくて、西の道向こうのSさんちでも、このたび、大谷石の塀を壊し、ごく低いスケスケの生け垣に直し、庭と道を視覚的につないだ。道の両側の二軒がそうしただけで、あたりの空間は広がり、気持ちよさは格段にちがう。プライバシーは、ちょっとした建築的工夫とカーテンで簡単に守れる。

塀も生け垣もない住宅地を作ってみたらどうだろうか。

庭は末期の目で見るべし〈庭〉

最期の晩餐という大テーマが人間には課されていることを御存じだろうか。ひらたくいうと、死ぬ前に何を食って死にたいか。ちなみに私は、ウナ重じゃなくてウナ丼。ウナ重は重箱の持ち心地が不安定だし、隅のゴハン粒がどうも……。

赤瀬川原平さんは、お茶漬けなら中身は問わないそうだが、最期のお菓子については譲れない一線があって、コシアンではなくて粒アンのおまんじゅうを所望。南伸坊さんは、まだ決めてないが、まんじゅうについては粒アンにかぎる。

私や読者の皆さんのような建築に興味のある方には、もう一つ、最期問題がある。〈最期の風景〉

何を見てから死にたいか。けっこう迷う。まず、自然の風景にするか、やはり名建築を選ぶか。迷いは深いが、私の場合、本当のところを申しますと、名建築といえどそれを最期におさらばはしたくない。それよか、ウナギと汁のしみた白いご飯のコントラストをじっくり眺める方がまだいい。自分でもあきれるくらいに建築への未練はない。

雪をいただく山とか、芽ぶき時の雑木林とか、入り日の海とか、夏の渓流とか、そういう美しい自然の光景にはそうとうひかれる。が、ウナギでいうところのウナ重的躊躇がある。細部に納得できないところが残る。せっかく死んであの世に行くんだから、もうちょっと夢見心地というか、そういうものを期待したいではないか。

あれこれ考えて、私の結論は、

〈庭〉

庭を見てからというより、縁側に横たわって、庭を見ながら死にたい。

若い時のようにかっこみ気味にウナ丼を食べてから、おもむろに縁側に出て、番茶で粒あんの豆大福をゆっくりゆっくりほおばり、モグモグアグアグ。明るく広がる砂と岩と水と緑の庭に目をやると、〝アッ、岩にトンボが止まった〟。やがて静かに横たわり、縁側の板のザラッとした感触と温かさを右頰に感じながら、最期の息がフーッ。

なんだか書いているうちにその気になってきました。

建築と庭の関係は密接しているだけに複雑で、建築家と造園家の間には外からはうかがい知れぬような狭くて深い溝がある。建築家は庭は建物のついで、と思いやすい。事実、建設事業においては、造園、外構の予算というのは建築本体が決まってから、その残りがあてがわれる場合が多い。建築は、技術、思想、美、などなどを含み、その時代を象徴する表現である。よって、建築家は建築の方がエライと思っているのだが、このことをさる造園家に話したら、京都のお寺に行った時のことを思い出してみなさいと、静かに諭《さと》された。

たとえば、竜安寺。建物を見てるヤツなんかいるか。いない。みんな、建物の中に座り、向こうに広がる庭をじっと眺めてるだろう。

こう諭されたのが、十数年前で、以来、この問題は私の頭の中で宙吊り状態。

そうか、人は、建物なんかじゃなくて、庭を見ながら死にたいのだ。それも、建物に座って。この話はけっこうショックで、聞いた当初は、建物は庭を見るためのただの額縁なのではあるまいか、とまで思った。

「庭は末期《まつご》の目で見るべし」、こういう言葉のあることも知った。いつ頃、誰の発した言葉か知らないが、庭は末期の目、つまり死ぬときの目で見るべきもの。そういう目で眺めてはじめて庭が本当にわかるというのである。

自分は若いと思っていた当時は、反発もないではなかったが、年を経るに従い、真実味がジワジワとにじみ出してきて、反発を流し去ってしまい、今では、ソノトオリトオモイマス。

建物と庭の根本のところでの違いはなんなのか。どうして、究極のところで建築は庭にかなわないのか。

実は、庭はあの世のものなのである。

この世の建物があの世の庭にかなうわけもない。

と、急に言われたって、ととまどいを覚える読者の方が多いかも知れないが、疑う人は今度庭を見に行った時、自分に一つの問いを問うてほしい。ちょっとキザな問いになるが、庭に時間というものを看取できるかどうか。

きっと、庭では時間は止まっている。ずっと昔からそのようにあり、いつまでもこのようにしてあるだろう。

いかにもの言い方をすると、庭とは時間を無化する装置なのである。

証拠もちゃんとあります。白い砂と青い松。白砂青松《はくしゃせいしょう》。これがその証拠。

白い砂浜の松の古木の下にはジイさんとバアさんが立っていて、砂の上には尻に毛が生えた亀がいて、空には鶴が飛ぶ。そう正月用の安掛け軸や千歳《ちとせ》アメの袋の絵。古来、わが国では、白砂青松の図柄は、千歳万歳《せんざいまんざい》、つまり永遠にかわらないこと、時間の止まっていることのしるしとされてきた。時間という、すべてを変質させ、亡ぼす力のおよばない場であることのしるし。あの世もそうだし、神さまのいるところもそういう場だ。たとえば、能の舞台の橋掛《はしがか》りの作りを思い出してほしい。橋の足許には白砂が敷かれ、松が立てられているだろう。白砂青松はそこが別世界であることを意味し、そういう場に橋を渡って出ていって、演じ舞う。もちろん、昔むかしのその昔は神のための舞を舞ったわけだが、その名残。

遠山金四郎が桜吹雪を飛ばすところを〝お白州〟というが、あれも、その昔、神さまの前で裁きをしたことの名残。

庭もあの世も神さまのいる場所も時間が止まっているという共通性を持つ。つまり、元々は同じところから出てきたのである。

語源からもこのことは証明されていて、「ニワ」というのは神さまのおわすところの前の広がりをさした。供物を並べたり、祈ったり、神の言葉を聞いたり、神楽を舞ったり、相撲を奉納したり、そういう場を「ニワ」といった。

そういう場は清らかでなければならないから白い砂を敷いた。そして、植物のなかで一番生命力の強い松を立てた。浜辺の塩水漬けのなかで育つのは松（黒松）だし、冷涼な高山の岩の上に生えるのは松（はい松）。松こそ場所を問わない植物のなかの植物。

日本の庭にはきまって白い砂利が敷かれ、松が大事にされるのは、そういう気持ちが無意識の奥で生き続けているからにちがいない。

よって日本人の最期の光景は庭になってしまうのであるが、ヨーロッパや中国やインドやアラブの人たちは、何を見てから死ぬことになっているんだろうか。

最初の冷え症患者は昭和天皇だった〈冷房〉

この項では目先を変え、冷感症についてではなくて冷え症について書こう。ここ二、三十年、冷感症はなぜか話題にならないほど減って死語化しているようだが、それと反比例して冷え症はＯＬを中心に増加の一途をたどり、夏の職業病となっている。

もちろん原因は冷房。冷え症を含め機械的空調によって起こる症状のことを専門的には空調過敏症というが、その最初の患者は先の昭和天皇だった。本当は大正天皇が最初の犠牲者になるはずだった。ことは明治四十二年までさかのぼるが、時の皇太子（大正天皇）が新婚生活を送るべく赤坂離宮が作られる。しかし、完成した離宮に対し明治天皇のお言葉はただひとつ「ぜいたくだ」。この一件についてはこれまで、フランス王宮を範とした離宮の装飾の豪華さが逆鱗に触れたと考えられてきたが、加えて空調も問題視された可能性がある。当時、木造の宮殿に住む明治天皇の日常生活は質素をきわめ、冬でも火鉢三つで済ますほどだったが、一方赤坂離宮では本邦初の冷暖房が完備されていた。それも超高価な特注輸入システムの。

ぜいたくだ、の一言に赤坂離宮は凍《い》てつき、大正天皇は住むことができなかった。そして、御世が代り、次代の皇太子（つまり昭和天皇）が新婚生活を送るために、大正十三年はじめて入居されるが、完成後十五年ぶりに稼働した本邦初の冷房機械は未来の帝に対し乱暴狼藉のかぎりをつくしたという。夏、冷房のスイッチを入れて寝ている時、あまりの寒気に目を覚ますと、すごい寒風が吹き出していたり、そこで目盛を高目に直すと、今度は途中から暖気に変ったりする。身の回りのことであれこれ苦情を述べてはいけないというおじいさんの遺訓を守る身としては、ただ耐えるしかなかった。その結果、空気の温度、湿り具合、さらには流れについて、常人を越えた皮膚感覚を持つにいたる。どのくらい敏感だったかについて現在の新宮殿建設の空調担当者から聞いたことがあるが、一度単位の温度変化を識別し誰も分からない空気の流れを感知できたという。

冷房はたいへんなのである。

〝冷暖房完備〟とか、冷房を暖房と並列する習慣がそもそも間違っている。暖房の歴史は火とともに始まるから、北京原人から見つもってもざっと五十万年の経験と工夫があるし、古代より中国には炕《カン》、朝鮮には温突《オンドル》、日本にはイロリやコタツといった暖房が発達してきた。暖房の方は人類とともに成立している。

一方、冷房はどうかというと、長い長い間、人工的に冷気を生み出すことは不可能だった。暖をとる、とは言っても、冷をとるという言葉はない。通風をよくするとか、日陰を作るとか、自然まかせの消極策しかない。『徒然草』に、「家は夏を旨とすべし」という有名な一行があるが、あれは、暖房はできても冷房はできないという意味なのである。

冷房が生れるためには、電気と冷凍ポンプの発明が不可欠で、今日の空調技術が確立するのは十九世紀の末のことで、暖房に遅れること五十万年だ。十九世紀末というのはそれにしても遅すぎるが、理由の一つに、近代の地球上で冷房の必要なところは意外に少なかったということがある。ヨーロッパの先進地で冷房の必要なほど暑いところは少ないし、アジアやアフリカでは暑さにはひたすら耐えたり昼寝を決め込むという昔ながらのやり方が続く。十九世紀の段階にかぎって言うと、夏がクソ暑いのに近代文明化したところは、実はアメリカと日本くらい。アメリカで空調が生れたのは当然で、そして、それを取り入れようというのも当時は日本だけ。

その第一号が、赤坂離宮だった。なんにせよ初体験は失敗が多いが、ニューヨークで製造され日本で組み立てられた特製の一大最新空調システムが乱暴狼藉をつくしたのは、ヌレすぎが原因であった。室温を感知して自動的に調整するためのセンサーを工夫したのはいいけれど、その肝心のセンサーの細管の中で結露が起こり、濡れて詰ってしまい、システムは暴走。

ニューヨークでは考えられない故障だった。夏が同じように高温のニューヨークと東京だけれども、一つ差がある。湿度がちがう。東京は湿気が多くてムシ暑い。高い湿度。

クーラーのある暮らし

ここに日本の空調のむずかしさの根っこが隠されている。地表の湿った大気が上昇し上空の冷気に触れて冷えると湿気は水滴（雨）となって降ることになるが、これと同じ現象が日本の室内では起こる。しっとり湿った空気が自分より低温の相手（ガラス、コンクリートなど）に触れると、水滴が生じ、付着する。この現象を結露といい、ずいぶん風雅な言い方だが内容は室内の雨降りにほかならない。赤坂離宮ではセンサーの細管の中で雨が降ったし、断熱性の悪いコンクリート住宅では押入れの布団の陰で雨が降る。目をつぶってイメージすると、天井裏や押入れの奥や床下の水道管の周囲に人知れず小さな雲が湧いて雨が降っている光景はなかなか面白いが、ネズミに頼んでそこだけ傘をさすわけにもゆかず、現実には困る。

アメリカで生れた空調方式は、緒戦で日本の湿気に負けてしまった。以後、日本の技術者たちの独自の努力がはじまり、現在の結露しない空調システムが成立する。やっとこれでムシ暑い日本の夏もすこやかに、と安心したとたん、よく冷えて結露もない最新オフィスで働く若い女性の間に冷え症が蔓延しはじめたのである。

原因はまた湿度。人が涼しく感ずるかどうかは湿度が関係し、同じ気温二十五度でも、湿度五十パーセントと七十パーセントをくらべると、前者の方が二度近く低く感ずる。つまり、湿っている方が温度が高く感ずるわけで、湿度の高い日本の夏のオフィスではそのぶん空調の温度を低くしないといけない（湿度を下げてもいいが、オフィスの空調ではそこまではやらない)。暑い外からオフィスに入り、肌で感ずる以上に冷たい空気の中にじっと座って仕事をしていれば、体調の崩れる人がでてくるのはさけられない。

一山越えるとまた次の山。人類暖房歴五十万年と冷房歴百年の差はまことに大きい。冷房というのは基本的に不自然なことなのかもしれないが、空調技術者たちは知恵を絞り、いくつかの打開策が試みられている。

その一つに、輻射冷房というのがある。真夏のカンカン照りの中、デパートの入口に氷の柱が立てられることがあるが、そばにゆくと涼しく感ずる。空気は冷えているわけでもないのにそう感ずるのは、氷の冷たさが空気を媒介とせずにダイレクトに皮膚に伝わるからで、この原理を使えばいい。この原理だと、劇場や体育館などの大空間の大量の空気を冷やす必要もなくなり、エネルギー上も好都合。具体的には、天井面だけを天井裏に水など回して冷やせば、気温は高くとも、体感は涼しくなり、頭寒足熱の理想状態が訪れる。と考えて、天井冷房の試みが何回か実行に移されたが、温かい空気が上昇して冷たい天井面に触れて結露し、部屋中に雨が降って大失敗。

理想の天井冷房もまたまた湿度に負けた、と関係者一同が天を仰いで諦めかけた時、葉山成三氏が現われ、ちょっとした工夫一つで結露が起きないことを発見した。その顚末と有効性については本が出ているし(『天井冷暖房のすすめ』葉山成三著、筑摩書房刊)、上智大学技術顧問として上智の空調で実践中という。使用者の立場の猪口邦子先生に効果のほどを聞いたことがあるが、快適です、とのことだった。

ただ、葉山方式は葉山さんがいいいいと言うほどは広がっていないが、どうしたんだろうか。

エライ人の暖房事情〈暖房〉

冬が来ると、外は寒いが、中は暖かい。しかし少し前まで、冬が来ると外も中も寒かった。

私は信州の山里で生まれ育ったから、冬の寒さについては身にしみて知っている。水気のあるものはマイナス十数度の低温によって、凍ってしまうから、野菜も酒も、台所の床下の室《むろ》（簡単な地下室）に納めて越冬させていた。室を使わなくなったのは冷蔵庫が登場してからで、入れておけば玉子も牛乳ビンも割れないし、野菜もコチコチにならずにすむ。冷蔵庫が本当にありがたいのは寒地なのである。

信州だけではなくて日本中の家の中が昔は寒かった。どうしてかというと、家自体の防寒対策がなされていなかったからだ。まったくなされていなかった。厳冬の地でも、寒風を防ぐのはヘラヘラの雨戸とペラペラの障子だけ。それもスキ間だらけ。それ以上に問題なのは床で、板敷きや畳のスキ間から床下を吹き抜ける風の冷気がしのび上がってくる。下から伝わってくる寒さくらいキツイものはない。

家の作りに防寒性が乏しいうえに、部屋を暖める装置にも欠けていた。暖房という考えが日本にはなかったのだ。というと、イロリやコタツや火鉢はどうなんだ、と反論があるかもしれないが、残念ながらあれは暖房とはいえない。暖房とは、房(部屋)を暖める意味で、イロリやコタツや火鉢で部屋の空気全体を暖めるわけにはいかない。イロリは体の前半分、コタツは腰から下、火鉢は手先だけ。

エライ人は何か庶民の知らない手を使っていたんじゃないか、という疑問もあろうかと思うが、私の知るかぎり、寒さの前で日本人は平等だった。明治天皇は、厳冬期のみ火鉢を三つに増やしただけ。元総理の細川護熙さんの御尊父の細川護貞氏に、大正期の細川侯爵家の日常生活について聞き取りをしたことがあるが、朝になると、熊本弁しかしゃべらない使用人が来て雨戸を開け放ち、広い日本間に火鉢を一つ置いて去る。障子の紙一枚と火鉢の炭を友として、日がな一日、耐えなければならなかったそうだ。

天皇といい熊本の大藩のお殿さまといい、どうも身分の高い人ほど、寒かったらしい。彼らは、火鉢だけですまし、庶民のようにより効果的なイロリやコタツを使わなかった。エライ人ほど寒い環境の家に住むなんてことは外国ではちょっと考えられないが、どうしてだろう。

天皇やお殿さまがイロリに当たったりコタツに入っていたんじゃサマにならないからか。それが直接の原因ではないと思うが、そういう光景がサマにならないことは誰でも分かる。日本の人なら誰でも分かるが、しかし、外国の人にこのことを分かってもらう

のは至難のわざだ。こう書いていると私も、どうしてエライ人とイロリ、コタツのイメージがつながらないのかについて以下に続けようとして、筆が止まってしまった。一休み。その間に、皆さんも考えておいてください。

イロリやコタツのルーツをたどると、まず草葺きに土間の民家にいたり、さらに遡ると縄文時代の竪穴式住居にたどり着く。真ん中に炉があって、周囲に人のいる一室住宅。厚い草葺きの屋根は防寒性に富み、スキマ風の入るような壁や板敷きもなく、土間は地温で〇度以下には下らない。後の民家のガランドウの大空間のイロリとちがい、竪穴式住居では密閉性の高い狭い空間の中央で火が燃えているのだから、部屋全体が暖かくなる。縄文時代には暖房があったのだった。

しかし、やがて、南方系の高い床の形式が日本列島に入ってくる。鉄や水稲耕作といったより進んだ文化とともに高床式住宅が入ってきた。現在の考古学の知見によると、中国南部の揚子江（長江）流域から海を渡るか、朝鮮半島南部をへるかして来たと推測されている。

そうした南方起源の高床式の住まいは、日本の冬には、とりわけ冬の寒い地方には適さないにもかかわらず、上層階級に支持されるようになる。竪穴式にくらべ高床式の方がより進んでいるとはいえないにもかかわらず、水稲耕作や鉄といった高度なものと組で入ってきたがゆえに、より進んでオシャレな形式と思われたのだった。そして、イロリもコタツもない高床系が天皇をはじめとするエライさんの住まいとして定着し、発展し、天皇の寝殿造りや武家の書院造りを生み出してゆく。

一方、縄文時代にはじまる炉のある一室空間はというと、庶民の住形式として定着・発展し、やがてイロリとコタツの民家となる。その過程で、上層階級にならって板敷きや通風のいい障子や雨戸を取り入れ、本来の暖房性能は失うけれど、さいわいイロリとコタツのおかげで、火鉢一つのエライさんにくらべればまだましな冬の日々を送ることができた。

以上のような長い長い歴史のなかで、かわいそうなことに、天皇やお殿さまはイロリやコタツとその風情が似合わなくなってしまったのである。

風情が似合わなくても、寒いものは寒い。しかし、隣の朝鮮半島や中国東北地方のように、寒さで死ぬほどではないから、オンドル（朝鮮半島）やカン（中国）といった近隣で発達した床暖房の工夫を取り込むことなく、風情を優先してガマンし続けた。

現代人は、住まいは実用の器と考えがちだが、かつては体面と見栄の器としての性格の方が強かった。武士は食わねど高楊子。武士は冬でも一つ火鉢。不合理ナ、と思われるかも知れないが、私はひそかに、住宅の本質はそっちにあると確信している。どうしてかというと、衣食住の衣のことを考えたらいい。なぜ、生活水準が高くなるほど、ファッションにこだわるのか。実用性がひとまず満たされた後は、実用の奥に押し込められていた体面と見栄が噴出するのである。

エライさんたちが、暖かい家に住めるようになったのは、明治になって、洋館が導入されてからだ。洋館は、かつての高床式と同様な事情でより進んでオシャレな形態と見なされたから、エライさんは体面と見栄を保ったまま堂々、そっちに移ることができた。が、実態を言うと、洋館は作っても接客用で、相変わらず日本館に住み続ける例が多い。明治、大正、昭和戦前を通し、大方の日本人は、エライ人は大寒《おおさむ》、庶民は小寒《こさむ》、で過ごしたのである。

日本の住宅の部屋中が暖かくなるのは、戦後の高度経済成長期の石油ストーブの導入を待たなければならない。閉じた部屋の中で輸入した石油の火を燃やすことによって、竪穴式住居の暖房水準を数千年ぶりに回復したのだった。

かように、現代日本の暖房の歴史は日が浅く、やれファンヒーターだパネルヒーターだ床暖房だソーラーだ、さあ高断熱高気密だ、いや自然のままにと、右往左往の暖房発展途上国なのである。

室内光景は人生の大事〈片づけ〉

おそらく世界の古今の住宅で、現在の日本の住まいほど散らかってる例はないのではあるまいか。

玄関には下駄箱に入り切らない靴がいく足も連なり、下駄箱の上には、花びんやら額やらお土産やらが並ぶ。一応体面を考える玄関でこうなのだから、家族専用の部屋は推して知るべしで、居間なんかテレビやオーディオといった電化製品は仕方ないとして、壁にはカレンダーやら予定表やら、飾り棚の上には捨てるわけにはいかない記念品や人形やら、本、パンフレットの類やら。ピアノなんか何とかしてくれ。物置台になってしまっている。台所、洗面台と進むにつれ事態は切迫し、ほとんど立錐の余地もないまで、ビンやら器具やらがギッシリ。

世界の古今の住宅で、と私が自信を持って断言するには、理論的な裏付けがそれなりにある。まず、発展途上国は、家は狭いが、それ以上に物品が少ない。一方、先進国としての歴史の長い欧米は、物品も多いが、それ以上に家が広い。いずれも、原理的に散らかりようがないのである。

ところがわが日本ときたら、欧米に負けず劣らず物品は多いのに、家は広くなく、収納スペースは少ない。内容と器のバランスを失している。

これが、現在の日本の住まいが人類史上まれな大散乱状態を呈してしまった根本原因にちがいないのだが、そういう大原因には収束しないさまざまな原因もあって、その辺のことについて物品と収納の両方から考えてみたい。

まず、物品の方から。欧米の住宅にそう詳しいわけではないが、日本にくらべヘンなモノ、いらないモノが少ないように感じられる。日本のヘンなモノ、いらないモノの代表は、お土産や記念品の類で、どうしてあのようなクダラナイものが大量に家に持ち込まれ、保管されなければならないのか。これには、日本人の〈物神崇拝〉の長い伝統がきいているように思う。物品に対し、その性能や美だけでなく、何か精神的、心理的に大事なものが宿っていると考える。物にカミが宿る。たとえば、職人は道具にそういう気持ちを持ち、そのことを誇りとしてきた。特に刃物に対してはそうで、大工の名人上手は、毎日、刃物を使い終わると、きれい、というより清浄に保つことを旨とした。お針子〈裁縫をする人〉が使い終わった針を捨てずに、〝針塚〟に納めて、仏サマ同然に扱ったのも同じ心情だろう。調理人たちは〝包丁塚〟を作り、文化人はかつて〝筆塚〟を作った。

そういう心の伝統が、何かしらメモリアルな物品を捨てがたくしているのではあるまいか。実際、私のような戦後生まれの者でも、どっかの会社からもらった創立〇〇周年

記念のつまらないガラスの置き物なんかをゴミ袋に入れる時には、ちょっと躊躇する。意識しないにしても、物品に宿る精霊に対し気がとがめているのだろう。困ったことに、日本人は、物品に対し非情になれないのである。

非情になるにはどうすればいいか。これについては日本を代表する経済学者で整理法の達人として知られる野口悠紀雄先生の方法が面白い。先生は本を捨てるために、棚を利用していて、片方からどんどん新しい本を入れ、もう片方からどんどん落として捨てるのだという。もちろん、必要な物は棚に残すのだが、絶対に棚のキャパシティ以上にはしない。この野口流の無理矢理整理法を聞いて、先生は自分の中に流れる物神崇拝の伝統を意識的に断ち切るため、こういう非情なやり方をわざとしている、と思った。

ついで収納について。日本人は、野口先生のように生きる姿勢の一つとして整理に取り組んでいる人を除くと、物を整理するとか、しかるべきところに納めるとかの感覚が、これを

〝収納感覚〟

というなら、それが乏しいのではあるまいか。未発達といってもいい。

収納感覚の乏しさには、日本の住宅の伝統が深く関係しているといわざるをえない。日本の住宅に住んできたからこそ、日本人は整理整頓の術を学ぶことができなかった。

わが身の来し方を振り返り、目の前に広がる諸物散乱の光景を見るにつけ、そういわ

ざるをえない。もし、読者の皆さん方の家の中が散らかっていたとしても、それは皆さん自身の責任ではなく、あくまで日本列島で生まれ育った宿命なのである。

なぜか。

日本人が物をどのようにしまってきたかを考えてみよう。源氏物語絵巻など古い絵巻物の室内の光景を思い出してもらうと分かるが、室内に物品がないし、収納家具も見当たらない。この傾向はずっと続き、現在でもちゃんとした和室においては収納家具や物品を排除する。わずかに、床の間に花びんや文箱《ふばこ》を点散させるばかり。

それにくらべ、ヨーロッパや中国はどうかというと、たとえばヨーロッパのどこの国でもいいから王様や貴族の家を見ればいいが、室内には飾り棚やら本棚やら食器棚やらの収納家具がこれ見よがしに置かれている。収納家具だけでなくイス、テーブルなどなどの家具、調度の類が充満し、それらがインテリアの決め手となっている。さまざまな物品、家具調度を室内に取り込み、それをいかに上手に美的かつ機能的に配列するかが室内構成の根本だった。生まれながらにそういう根本を学ぶのだから、当然のように収納感覚が身に付く。字を覚え、本を読むのと同じように、一つの教養として身に付けてゆく。だから、欧米においては室内に物品が散らかるというのは、無教養のしるしとしてとらえられる。身の回りの物品のコントロールもできないようなフシダラなヤツ。

日本の室内には物品はない。本当はあるのだが、隠されていた。どこにか。納戸とか倉の戸の向こうの暗がりの中に。タンスや長持ちといった収納家具はあるのだが、それらは人目に付かない暗がりに置かれた。収納家具も物品も、日陰の身だったのである。日陰の身でも、その総量が少ないうちは散乱問題は起きなかった。納戸や押入れのようなどこかちょっとした場所に隠して置けば済むのだから。ところが、明治以後、というより一般の家庭では戦後の高度成長以後、長く続いてきた少量物品日陰の身システムは破綻を余儀なくされる。

電気釜、テレビ、オーディオをはじめとする各種家庭用電化製品、ブームとなった旅行の土産物などがドッと家庭に流れ込んでくる。流れ込んでくるのは仕方ないとして、問題は受け止める人間の方で、流れ込んで来た物品をコントロールする感覚がないのである。泳ぎ方も知らないのに物品の海に飛び込んだようなもので、おぼれるしかない。

そして、日本のおおかたの家々の今日の室内光景が生まれたのだった。

なんだか自己弁護のための一文のような気もしないでもないが、とにかく歴史的な宿命なのである。

では、二十一世紀に向けてどうすればいいか。欧米の人々のように、〝室内光景は人生の大事〟と考えるようにするしかあるまい。そんなことを人生の大事と思いたくない人は、物品の海でおぼれつづけるしかないだろう。私は、もちろん、おおかたの読者諸賢同様、おぼれつづける決意である。

Dr. テルボの正しい風水〈風水〉

このごろ世間にはアヤシゲな風水が流行しているようなので、ひとつちゃんとした風水について語っておきたい。といっても、なにぶん古代中国に根を持つ呪術的な世界だからアヤシさはどこまで行ってもつきまとうが。せめて筋道だけはちゃんとつけて語ってみたい。

風水には、方位の風水と地形の風水の二つがあることをまず頭に入れよう。鬼門なんてのは方位の風水の代表で、日本の場合、ウシトラの方角、つまり北東がそれにあたると昔から言われている。おみくじを引くと、〝旅〟や〝家移り〟の項に〝東南はよし〟などと書いてあるが、あれも方位の風水のなれの果てだ。

地形の風水は、方位と関係なく、山の連なりと姿、川の流れ、水のたまり、のような大地の形状をテーマにするもので、風水的にみて良い場所にお墓を作ると御先祖様は浮かばれて、ひいては今生きてる人にも福が多い、なんて説明する。家の前に池があると血筋が絶える、なんて俗説を聞いたことがあるし、実際、明治の中頃に造られた三菱の岩崎久弥邸では、新築にあたり、父の弥太郎が掘った池を埋めて芝生を生やしているが、これも小規模ながら地形の風水に由来すると考えられる。

古代中国に発する方位と地形の二つの風水のうち、日本では方位ばかりが優勢になってやがて家相に変質し、一方、地形の方は平安京の建設までが華で、あとは衰えまくってしだいに忘れられてゆく。ちょっと前まで、日本では一部の人をのぞくと、風水なんて言葉すら誰も知らなかったし、土地や家についての呪術といえば家相に決まっていた。方位（家相）の方は次の項でとっくり聞かせるとして、ここでは、地形の風水を取り上げよう。

地形の風水の核心は、

〝気〟

というコンセプトにある。自然にも人間にもこの世の万物の中には気というエネルギーのようなものが流れていて、それの動向次第で人も社会も国も盛衰が決まると考える。気が充実した国は栄え、個人も気が満ちれば元気になり、衰えれば死に至る。仙人は気を蓄える術を、たとえそれが霞を食うことであるにせよ知っているから、不老不死なのである。

地形の気に入る前に、個人の体の気の蓄え方について、古代から伝えられた方法をここに読者だけに伝授しよう。近年発掘された漢代の木簡に記載があったとしかるべき研究書に書いてあったからウソじゃない。体の気を高め、濃度を濃くするにはセックスが

風水的にはここで商売繁盛のはずなんだが、、、.

一番よいとされる。確かに一時的にせよ生気がみなぎる。しかし、ここで注意を要するのは、その盛り上がった生気を発散せずに体内にとどめる必要がある。射精などしてしまっては元も子もない。グッとガマンの子になれば、気は体内に充実し、長寿は間違いない。この古代中国から聖人君子の気の養生術として伝えられた方法を、江戸期の思想家の貝原益軒は、その『養生訓』で次のように紹介している。

曰く「接して泄らさず」

大いに接しながら、泄らしちゃいけないのだ。聖人君子の道はキビシイ。私は実践したことはないが、やってみれば本当に効きそうな気もする。なお、この方法と理論的根拠については聞かれてももらさないようにしていただきたい。接して漏らさず。

さて、テーマは、地形の気である。どのような地形に気は生じ、伝わり、蓄積されるのか。古代の人はこう考えた。高く秀でた姿の山に気は生じ、峰から峰へと山脈づたいに伝わり、そして水に当たって止まる、と。山が気の発動体かつ伝導体であり、水がそれをさえぎる。気のことを竜ともいい、その流れを竜脈と呼ぶ。図像学上では竜は水から立ち上ることになっているから、竜と水の相性が悪いのはおかしいが、放っておく。

とすると、中国で一番高くて秀麗な峰が気の源ということになるが、それはどこか。かの崑崙《コンロン》山にほかならない。中国南西部のチベットとの境の辺にあるという幻の世界最高峰。その山頂から気は発し、山脈づたいに三方に流れ下ってゆく。一本は、黄河の北を伝い、北京をかすめ、朝鮮半島に入り、南下して止まり、日本には入ってこない。対馬海峡のせいだ。もう一本は、黄河の南を通り、つまり黄河と揚子江の間を走り、西安（長安）をかすめ、済南をへて山東半島にいたり、止まる。黄海のせい。もう一つは、揚子江の南を走り、途中で分かれ、杭州、福州、広州へ。

この三つの気の流れ、竜脈を「中国の三大幹竜」という。

ここまでは、大原則だからあまり実用とは関係ない。問題は三大竜脈のその先で、この三大竜脈から各地に伸びかつ広がってゆくはずの分流がいったい自分の町や村、さらに自分ちにどう届くのか、届かないのか、そこが知りたい。届かないなら届かせたい。で、各地の風水師たちは、三大竜脈からの分流を地域の地形の中に読み取り、気のたまりやすい場所を特定してゆく。気は山に沿って動き、水で止まるのだから、山々の連なりが平地にいたったその先端の辺りの平地で、先の方に川があるとさえぎられてそこに気がたまる。ようするに山を背にし、前に川が流れる場所がいい。とりわけ、背の山だけでなく左右にも尾根が伸び、前方に川が流れるような半盆地的地形は、気が三方から流れ込み、まことによろしい。そういうところに町を造り、家を建てれば、繁昌まちがいなし。

中国にはそういう地形を選んで造られた都市がいくつもあるし、日本でも奈良から京都への遷都にあたっては、風水師が土地選びをしたことが文献によって知られていて、たしかに京都の地形は、背と左右に山が連なり、前に川（鴨川）が流れる。隣国の朝鮮半島は古来、風水の盛んなところで、ソウルももちろん風水上の適地として選ばれている。

しかし、気を導く山もなければ、止める川もないところではどうすればいいのか。窮すれば通ず。気は心。山がなければ、塔を建て、近くの山まで来ている竜脈を強引に引っ張ればいい。これを風水塔という。川がなければ、池を掘ればいい。

こうした風水を中国の昔の人たちはどの程度信じていたのか。本気で信じていたと思われ、戦争の時、敵のこもる城の背後の山に流れる竜脈を切断するため、兵士たちが尾根を切り崩し、これを知った城の側は、兵士を出して埋め戻した、という話も伝わっている。

現代では、地形の風水は、台湾、香港、韓国が盛んで、とりわけ墓地の立地は風水なしには考えられない。韓国では風水上の適地を求めて山の南斜面の木を伐って墓地化する風習が、政府の禁令によっても絶えず、森林保護上の問題になっているし、台湾では先祖のため風水上の適地を求めて多大な出費をすることが多く、若いインテリは眉をしかめている。

幸か不幸か日本では、地形の風水は平安京遷都を最後に衰えて久しいし、そもそも理論上は対馬海峡に妨げられて日本に竜脈は来ていないはずだからどうでもいい問題のはずだが、なぜか本屋に行くと棚に『ドクターなんとかの風水』とかがいくつも並んでいて、正しい風水の理解者としての私は困惑させられるのである。

思い出したが、江戸時代、ごく一部の卜占者《ぼくせんしゃ》の間で、日本にも竜脈が届いているという説が出されたことがある。その理論によると、富士山が、朝鮮半島の釜山あたりにウロウロしていた竜脈を対馬海峡越しにグイと引き寄せた、と言うのである。富士山ならそのくらいはやりかねない気もするが。

家相は家の相にあらず〈家相〉

今度は、いよいよ家相です。前項の風水は、沖縄をのぞいて日本ではあまり関係ない話だった。しかし、今回の家相は違う。駅前の本屋へゆくと必ず数冊は並んでいるし、住宅の建設にあたり家相を気にする人もけっこういる。

東アジアの中でみると、こうした家相一本槍は日本だけ。解放前のことだが、中国では、山や川の地形から気（大地のエネルギー）の動きを占う風水が盛んで、家相はそれほどじゃなかった。韓国では、風水も家相も、家相のことを安宅《あんたく》と呼ぶが、両方とも同等の重さで考えられてきた。ところが、日本はなぜか家の相を見ることばかりが生き長らえ、地形の相を見ることは衰退してしまった。

さて、その家相についてだが、名と実がズレている。名が実を表さない。家相と言うからには人相と同じで、正面からじっと眺めて額が広いのは福相だから出世するとか、右頰のホクロは凶相だから罪に堕ちるにちがいないとか、その表情を読み取るのが筋と思うが、実際に日本で行われている家相というのは、相（表情）じゃなくて例外なく方位を問題にする。

屋根は高く軒は深く差し出し、柱が太くしっかりしているからなかなか良い相です、というふうには家相見《かそうみ》は言わない。第一、彼らは建物の姿形など見もしない。見るのは間取りと方位。

まず家にやってきて、敷地と間取りを調べて図に起こす。次に、そのほぼ中心の位置に（この中心点をどこに置くかも家相見の秘伝）磁石を置き、方位を平面図の上に線で描き込む。東西南北の四本、その中間も入れた八本、さらに細かくガマの脂売りみたいに、十六本。

測量による正確な平面図。磁石による厳正な方位。科学である。ここまでは。ここまでの科学はここから先の非科学を支えるためにしっかりやらないといけない。そして言う。〃ウシトラの便所のせいで息子さんがあんな目に〃とか〃イヌイの井戸は病の元。少し前、家族に病があったはず、思い当たるでしょう。井戸はタツミに限ります。掘り直すベシ〃。

こういう方位判断には大きな定石があって、ウシトラとイヌイがなににつけ凶であることになっている。北東とその対角線の南西はいけない。鬼門と裏鬼門。こういうところに門を開けたりすると、不幸が入ってくる。井戸のような大事なものをそんなところに掘ってはいけない。門をつけ替え、井戸を掘り直し、それだけじゃ足りないから、私がひとつ鬼門封じをして差し上げましょう。

鬼門封じにはいろいろあるが、京都御所は北東の塀の角を欠く角欠《すみがき》を施している。京都では自然石を立てる例が多い。東京では、小笠原伯爵邸と蜂須賀侯爵邸が塀の角に御《ご》幣《へい》をかつぐ猿の陶版をはめていた。日枝神社の使いの猿。家相見にいただいたお札を貼ってすます手もある。いずれの場合もしかるべき代価を払って家相見にやってもらわなければ効果は薄い。

しかし、家相見にいくら払っても効果のないことも多い。例えば、蜂須賀侯爵家の場合、お殿様の御乱行で、家は亡び、お子さんの行方はいまだに分からない。アメリカにいるともいうが。

こうした家相がいつから日本に根を下ろしたかというと、実はそう大昔のことではない。大昔は日本でも地形の相が主流だった。

いつからか。これまで誰も答えられなかった。なぜなら、家相の歴史研究なんかした学者はいないから。そんな迷信は知性の対象にはならんと片づけられてきた。マア、現在の家相は私も知性の対象にはならんと思うが、その歴史となると別で、どんなに非科学的でアヤシゲな領分でも、その歴史は科学的かつ正確にやることは可能だ。で、若い建築史家の村田あが氏が家相の歴史の研究で学位をとって、その審査をしたから私はこのようなことを安心して書いているのだが、さて、同氏の研究によると、家相が日本に広がったのは十九世紀の初頭。江戸後期の寛政から天保にかけてのころ。私の知識でも、

鬼瓦
御幣かつぎの猿
角欠
売出中
理想的
鬼門対
一戸建

寛政期の京都御所の改修の時にウシトラの角欠がなされている。

家相の情報発信地は江戸ではなく、畿内（京、大阪、奈良など）だった。二大流派があって、ひとつは高槻の松浦東鶏を祖とする松浦派。もうひとつは、同じ高槻の神谷古暦が作った古暦派。どうしてともに高槻から始まったかは知らないが、高槻が京都の外縁部に位置するのと関係あるかもしれない。日本の家相の元は陰陽道で、京の吉田家が平安時代以来、朝廷の陰陽師として呪術を司ってきたが、地理的にも文化的にもその周縁部から家相は生まれたのかもしれない。

家相にとどまらず、どうも日本の人は方位に敏感だ。おみくじを見ると、家移りとか旅立ちの項に〝東南よし〟とか書いてある。この辺は家相が元かもしれないが、家相が盛んになるずっと前の平安時代にもう都の人は方位に敏感だった。御所のウシトラの山の上には鬼門封じのための比叡山延暦寺を置いている。

平安時代の有名な風習に方違《かたたがい》がある。陰陽道から出たものだが、外出する先が、その日に天一神《なかがみ》なるものがいるという方向の場合は、これを避け、吉方《えほう》の家に一泊してから出掛けねばならないという面倒なもの。『枕草子』や『源氏物語』にはしばしばでてくる。光源氏はたとえば、高貴な六条御息所のところにしのんで行こうと思っても、方違の必要があると、まず獅子鼻の末摘花《すえつむはな》女史のところに泊まって、ようよう翌日、憧れの御息所のところに行きつける。

少し前に奈良でキトラ問題が盛り上がった。キトラ古墳の玄室にTV用内視鏡を差し込んでみたら、とんでもないものが次々と天井に描かれていた。壁には、北に玄武、西に青竜、東に白虎の像が描かれ、天井にはなんと北極星を中心とする〝宿星図〟が描かれ、太陽の軌道まで走っている。現在世界最古の天体運行図像だそうだ。

私は〝ホウ〟と思い、全ての考古学・古代史ファンがそうするように、新発見を自説に引きつけて考えた。もうそのころからこの国では、方位と天に敏感だったんだ。

方位と天への意識は、源をたどると中国から発し、日本に伝わってきたものだが、中国の中でも北方の草原地帯が源流と考えられる。前の項で中国の風水には地形の風水と方位の風水の二つがあると指摘しておいたが、地形の方は中国南方に生まれて栄え、方位の方は北方で生まれて盛んになる。理由は簡単。南方は山あり川ありで地形が相（表情）を見せてくれるのに対し、北の草原地帯は山も川もなく見渡すかぎり似たような草原の景色の中で、移動の手がかりといえば星空と太陽による方位のみ。星空は天の意識を生み、太陽は方位への感性を養う。

こうした北の草原の遊牧民の意識が元になって、中国の古代文化の中に天と方位の思想が生まれ、それが日本まで伝わってきたのだった。

さて、なぜウシトラが凶かというと、北京あたりでは、秋に入って北東の風が吹き込み始めると、馬に乗った遊牧民が風に乗って侵略してくるからだという説を聞いたことがある。

最後にわが家の家相対策を述べておこう。格別のことはしてなかったが、たまたま、瓦の業界の記念パーティーで小さな鬼瓦をもらい、捨てるわけにもいかないから北東の角に置いた。今んとこ効果があるような気もする。

人は何故建物を求めるのか？〈建築〉

さて、いよいよこの本もこの項でおしまいです。建築というものについて、屋根、床、柱、窓、雨戸、ヴェランダなどなどの各部位ごとに述べてきたのですが、ラストを飾る花火として、

〝建築とは何か〟

を打ち上げて、パッと散りたい。

この根本問題にからんで、これまでいくつか発言してきました。

〝建築を決定するのは、屋根でも窓でもなく床である〟とか、〝形より素材が優先する〟とか。時には〝モダニズム建築は、世界全建築史の原子爆弾である〟とタンカを切ったこともあった。

その時々、考えていることを述べてきたわけで、一貫性はあるような無いような状態なのだけれど、そういう状態の中で今度も建築とは何かをつづってみたい。

何か、を問う方向は、作り方や見方や東西の比較などではなく、

〝建築はどうして人間にとって不可欠か〟

もちろん、雨風を防ぐためとか、そういう実用上のことではない。人間が人間として生きてゆくうえで、その時の心や精神や意識にとってどうして建築は大切なのか。

建物を見てハッとしたり心の奥の方がムズムズしたり、柄にもなくしんみりした時のことを思い出してほしい。建築関係者とりわけデザイナーや施工技術者の場合は現在の先端的作品に対し心ときめくことが多いかもしれないが、ふつうの人はちがい、建築界の話題作なぞ見ても残念ながらサッパリだ。ふつうの人が心ふるわせるのは、話題作ではなく、その反対の、たとえば普通の校舎とか生まれ育った家やその周囲の路地とか学生時代の下宿とか。

歌手の淡谷のり子が書いてた。彼女は青森の旧家の娘に生まれたが、父が事業に失敗して落ちぶれ、家を手放し、故郷を離れた。それから何十年もして歌手として成功した後、公演のおり車でふと通りかかると、昔の旧実家がそのままの姿で立っていた。そのときのふるえるような懐かしさといったらなかったという。

ふつうの人が建築に心ふるえるのは、しみじみと深いところでふるえてしまうのは、美しさとか大きさとか歴史的重要性とかじゃなくて、自分がかつて体験した懐かしい建物を前にした時なのだ。

こんなことをいうと、おまえもいよいよ年だナ、懐かしさなんて後ろ向きの感情だヨ、と思われるかもしれない。マア、否定しがたいところもないわけではない。が、しかし、

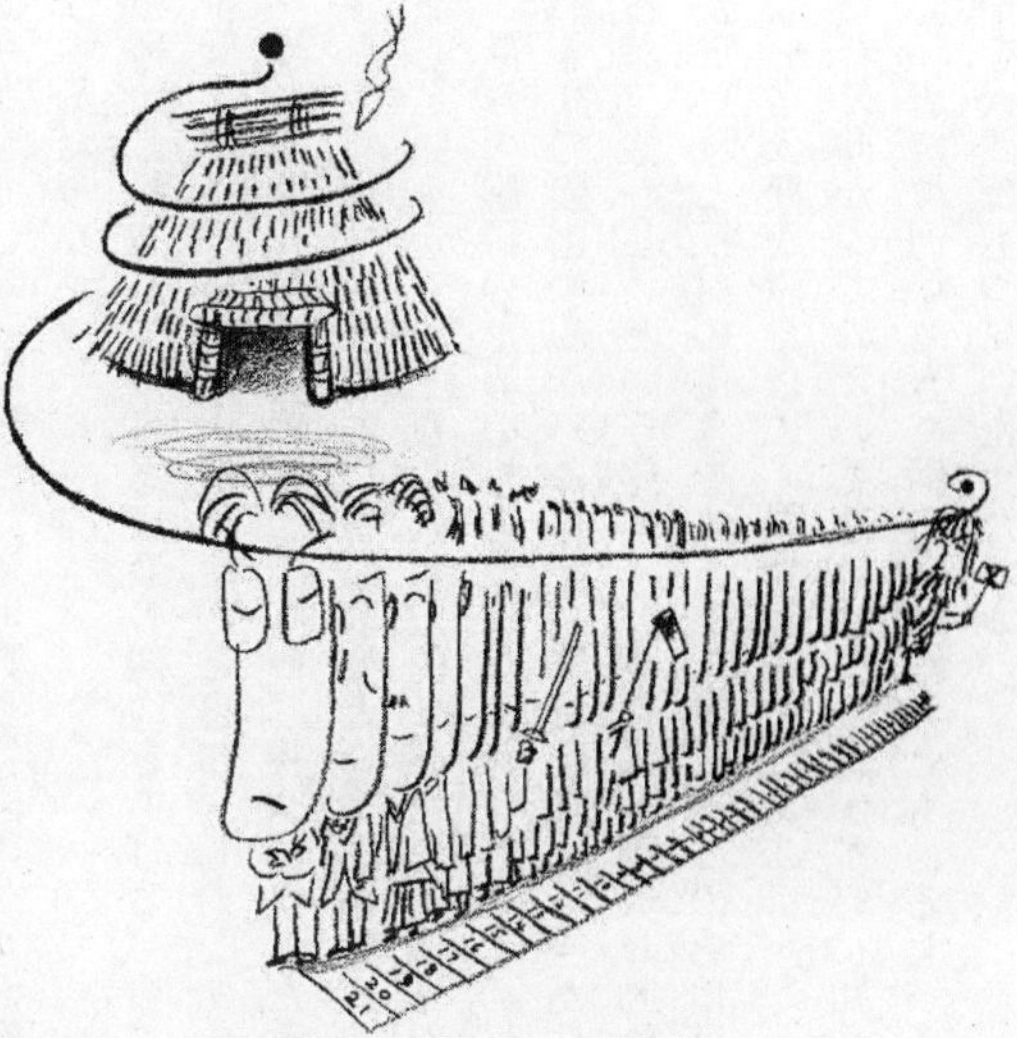

胸に手を当てて改めて考えてみると、サルやイヌは懐かしがるだろうか。イヌが古い犬小屋を振り返ってしみじみしたり、上野動物園のサルが戦前に作られた猿山の保存運動をしたりするだろうか。

感情の種類としてふつう喜怒哀楽の四つをあげる。食べ物を例にすると分かりやすいが、サルは、向こうにバナナが見えると喜ぶ。しかしあいにく他のヤツに横取りされると怒る。怒って争うが、負けると哀しい。勝って負けたヤツを尻目にバナナをほおばるとことさら楽しい。かように、喜怒哀楽という感情は、まこともって実用的というか欲望まる出しというか、おそらく人類史的に感情の起源をたどるなら、個体の維持のための食欲、群れの維持のための権力欲、種の維持のための性欲、そういう生存に不可欠な欲望をかき立て強化するために喜怒哀楽は生まれてきたに違いない。

ところが、懐かしいという感情は、生存に不可欠な動物的欲望をかき立てるどころか、どちらかというと反対の働きをする。しかし、この感情は人間にしかないことを忘れてはいけない。人間ならではの心の働きなのである。

過ぎた昔に向かってのこの感情は、実は謎が多い。知らない国で知らない街角を歩いている時、唐突に湧いてきて面喰らったこともあるし、そもそも何でこんな役にも立たない感情を人間はもつにいたったのか。

研究がどっかでなされているのかも知らないが、今の私に分かっているのは、懐かしいという感情は建築がかき立てる場合が多いということ。建築は懐かしさの最大の器なのである。

ここで話を夜に転ずる。眠りと夢について。何のために人は眠り、夢を見るのか。脳の疲れをとるためだけなら三時間もあれば十分なのに、どうして余分に眠り、おまけに疲労回復とは全く関係ない、というより脳細胞の休息の邪魔をする夢を見るようなことをわざわざするのか。

さいわい眠りと夢についてはいっぱい研究がある。

まず眠りについての最近有力な説に、眠っている間に昼の経験が記憶として定着される、というのがある。昼は、夜、脳に定着する。徹夜で覚えたことなど、二、三日もすると忘れるのは、定着期間を欠くから。歴史だけじゃなくて、記憶も夜作られるのである。

ここで大事なのは、昼のすべてが定着するわけではなく、眠っているうちに、取捨選択がなされ、配列され、構成され、何らかの統合がなされているということ。その統合された記憶の姿がどのような形をしているかは謎中の謎だが、もしかしたら建物の形に近いかもしれない。というのは、有名な古代ギリシャの記憶術以来、古今東西の記憶術というのは、覚えたい事項をよく知っている建築や町並みのパーツに結びつける方法をとるからだ。何らかの類似性があるに違いない。

いよいよ佳境というのに残りの紙数が乏しい。あれこれとばして、先を急ごう。あと四百字詰二枚で、建築はなぜ人間に不可欠かの答えまで走りぬけないと。

記憶術のことはおいといて、さて、眠りの次は夢について。なぜ、夢なぞ見るのか。見てないと思っている人も、脳波で調べると毎晩必ず見ている。夢については建築学者の吉武泰水先生が長い長い研究をつづけられ、成果を『夢の場所・夢の建築：原記憶のフィールドワーク』にまとめておられるのだが、それによると、夢の中で一番安定しているのは建物と町並み。人物や年代や出来事は、誰でも覚えがあるように、矛盾だらけでメチャクチャ。過去の事実に近くかつ安定した町並みと建物を舞台として、矛盾だらけの人間関係が、前後の混乱した出来事を展開するのが夢の世界。

夢の中での建物や町並みの特性について、安定性に加えてもう一つ重要なのは連続性。いくつかの大学の学長、副学長として新しい住まいに何度も移った吉武先生の経験が記されているのだが、その日の夜に見る夢には共通性があって、新しい住まいの階段を降りてゆくと昔の家の廊下に出るといったように、新しいものを古いものになんとかつなげようとしているのだ。新を旧になじませ、一体化する。

生まれてから現在にいたるまでの自分の人生の記憶は、脳の中に定着された自分の世界は、建築と町並みによって安定と連続性を保証されているのだ。

別の言い方をすると、人は、子供の時通った学校や遊んだ街角を前にすると、脳の中に定着されている自分の世界が、自分の人生が無意識のうちに喚起され、それが懐かしいという感情として自覚されるのである。

人が人らしくありうるのは、自分が自分であることの証しは、脳の中に作られている自分の世界の安定と連続によるのだけれど、そのことを人間は自分で確かめることはできない。しかし、建物や町並みを見て懐かしいと感じた時、実は、意識の奥で、その確認がなされており、確認できたことのよろこびが、懐かしいという得もいわれぬ感情となって湧き上がってくる。

人間が人間として生きてゆく上で、その時の心や精神や意識にとってどうして建築は大切なのか、という最初に掲げた問いの答えまで、かけ足ながらこれでたどりついたと思う。私たち建築史家が昔の建物を大事にしようと主張するのも、新しく作る建物はよりよいものにしてほしいと願うのも、そういうことなのである。

あとがき

〝天下無双の建築学入門〟なんて、大看板を掲げて始めてみたが、終わってみると、ただの〝マイケンチク学〟になってしまっていた。それも、建築学全体とはほど遠いマイケンチク史学に。

日本の建築学は、明治十年、ただ一人からスタートしている。英人御雇外国人のコンドル先生が、たった一人で、建築にかかわるすべての分野を日本の四人の学生に教えはじめ、やがて百年の月日がたち、設計、計画、歴史、理論、材料、構造力学、環境、設備といったように細かく分化して今日の日本の建築学の体系が出来上るのだけれど、その体系は内側から眺めていると、体系というよりは雑多な集合というしかないような様相を呈している。コンクリートの強度を測る隣の部屋では、茶室の歴史を調べたり、ギリシャ建築の本質に想いを潜めていたりするのだから、雑合と言われたって仕方がないのである。

雑合状態ではあるが、しかし離散状態ではない。雑合すれども離散はせず。優れた建物を作るためには、デザインはむろん構造も材料も設備もそして歴史の知識や理論的な思索も必要にして欠かせない。建物というひとつの器の中で、雑合している。闇鍋のようなというか、ゴッタ煮のような、そういう学問なのである。

　マイ建築学化してしまった私の文に、ゴッタ煮性を感じ取られた読者も少なくないと思うが、それは私の性格のせいというよりは、建築の学そのものの本質に根ざしており、あきらめていただきたい。

　雑合としての建築学。

　とこう書いて若干、雑合の二文字に気の引けるところもある。闇鍋だって、食べてみれば食べられる時もないわけではないし、ゴッタ煮だって、グツグツ煮えてる間にちゃんとしたひとつのおいしさを生み出す場合もある。そういう幸せな場合を、総合という。雑合状態のものが、なにかの加減で総合化され、ひとつのものとして立ちあらわれる。

　雑合から総合へ、これこそが雑合諸分野のそれぞれを分担している区々たる建築学者の夢なのだが、それはどうやって可能なのか。個人のなかでのみ雑合は総合へと化学変化を起こす。

　建築学という雑合をひとつの総合まで昇華する人物を建築家という。かつては、棟梁といった。

　雑合を雑合のまま提供してしまうこの本の来歴を述べておきたい。連載をまとめている。筑摩書房の松田哲夫氏が新雑誌「頓智」を刊行しはじめた時、縁あって連載をはじめた。しかし途中で休刊となり、当時大成建設の広報部に勤めていた増田彰久氏がそれを惜しみ、大成の社内報「たいせい」に引き取られて続けた。それらのうちほぼ八割をまとめたのがこの一冊なのである。「頓智」、「たいせい」を通して原稿催促にはげまれた鶴見智佳子氏に感謝します。

日本の住宅の未来はどうなる？

古今東西の建築を訪れては、あれこれ考え、その成果を書いてきた。それも、体系的ではなく、個々の事象をバラバラと散らかすように書いてきた。しかし、建築という全体についても思いを巡らさなかったわけではなく、個々と全体の両端の間を行ったり来たりしながら、書く時は個々にかぎった。

いったい建築という全体はどうなっているのかについて、建築史の立場から述べたい。

歴史の進行に沿って世界の建築を眺めてみると、一本の河のように見えながら、実は二本の流れが、間に透明な膜で隔てられながら流れ続けてきたことが分かる。建築の歴史の研究を始めた頃は、流れの表面を先人たちの造った建築史という舟に乗って下っているだけだったが、水面に湧く小さな渦に気づき、なぜあんな渦が下から湧き上るんだろうかを知りたいと思い、ドブンと飛び込んで水中にもぐり、あれこれ泳ぎまわるうちに、水の中に張る深い膜の存在に気づいた。それは、奇妙な存在で、気づかなければ魚のように自在に動いて構わないが、しかし気づくと、膜の左右で動き方を変えなければ建築という全体を誤解し、壊してしまう。

私が、先輩研究者たちが造った船から飛び込むきっかけとなった「水面に湧く小さな渦」とは、「目からウロコ⁉ 古代の建築技術」で二回にわたって述べた〈芝棟〉だった。

二回も述べたのは、四五歳で建築の歴史に加えて設計もするようになった当初から建築緑化に関心があったのと、芝棟のあまりな奇妙さ、ほほえましさ、からだ。茅葺き屋根のテッペンに草を植え花を咲かすとはどういうことなんだ⁉

その由来についての手がかりは日本に一つ、ヨーロッパに一つ見つかる。日本での手がかりは亘理俊次著『芝棟――屋根の花園を訪ねて』（一九九一年）が教えてくれた。東大植物学教授であった亘理先生は、戦前から芝棟に着目し、全国の分布を歩いて調べ、重大な発見をする。芝棟は日本海側の雪国にはなく、太平洋側にもっぱら分布する、と。この分布から気候に深く関係する現象とまでは分かるが、その先の謎は深まるばかり。

ヨーロッパの手がかりはフランスの芝棟が教えてくれた。芝棟の分布するノルマンディー地方はその昔ヴァイキングが侵入して定着した地域だから、手がかりはヴァイキングの祖国である北欧にあるにちがいない。そこで北欧にあたると、スウェーデン、ノルウェー、デンマークのヴァイキング三国には、屋根の上に土を置いて草を生やす芝葺きの屋根が古くからあり、今も別荘では好まれ、その源は、建物全体を土と草でおおった竪穴式住居に由来することが明らかになる。近代になるまで現役として使われているから写真と目で実態は調べられている。

フランスの芝棟は、ヴァイキングがもたらした防寒用の芝葺き屋根＝芝屋根に由来する。おそらく、当初は芝屋根であったが、しだいに屋根が地上から持ち上がり、壁が生れ、芝は屋根全面からてっぺんの棟へと後退し、今にいたる。

同じことがユーラシア大陸の反対側でも起ったと考えると、日本の分布の謎も解ける。雪国にないのは、厚く積った雪が土と草に代って防寒の働きをするから、竪穴住居の時代にも芝屋根の必要はなかった。

日本の竪穴式住居の時代は、もちろん縄文時代にほかならない。そして、岩手県の御《ご》所《しょ》野《の》遺跡の発掘によりユーラシア大陸東端の縄文時代にも芝屋根が作られていたことが明らかになる。なお、考古学では土葺き屋根というが、野草を植えて土の流出を押さえなければならないから、ここでは芝屋根を使う。

ここまでたどってガクゼン。縄文時代といえばその最盛期は五千年前。五千年前の名残りが戦前まで全国に残り、今も東北地方と関東地方の一部には残る。

ガクゼンとした後、頭の中を立て直し、自分の住いに観察される変わらぬ現象を探してみると、靴脱ぎの一件に思い当る。家の中に入る時、靴などの外用の履物を脱ぐかどうか。日本は脱ぎ、欧米や中国では脱がない。弥生時代に高床式住宅が始まった時は履物があったかどうかは未詳だが、高床式から古代の寝殿造へと進化した段階では履物は脱ぎ、その次の中世の書院造、近世の数寄屋造と続けて脱ぐ。

危機が訪れたのは〝靴のまんまはプロブレム（土足）〟の項で触れたように、明治時代に西洋館を受け容れた時で、どうしたか。欧米では脱がないのが当り前。

脱ぐのは室内に入ってからで、淑女が男の前で靴を脱ぐのは「どうとでもして」の合図と聞いたことがあるので、ロンドンの老若女性陣にたずねると、「ヴィクトリア時代にはそんな習いがあったかもしれないが、私達は知らない」。欧米では、寝る時以外は脱がない。寝る前にゴロンとなりたければ、ちゃんとしたホテルなら、ベッドの足の側に汚れてもいい布を帯状に置いてある。

日本の邸宅に西洋館が入ってきた時、靴脱ぎはどうしたかについて何人も関係者に聞いてきた結果を報告すると、基本的には脱ぐ。湯島の岩崎家の場合、日頃、家族や一族で使う時は、和館から洋館に入る時はスリッパに履き替えたが、欧米人がゲストとしてくると、自分たちは和館の玄関から靴を履いて出て、洋館に入り直している。そして現在も、住宅の洋風化というか近代化は著しく、畳や障子の無い家の方が大多数だが、にもかかわらず、靴だけは脱ぐ。

なぜ脱ぐかについて、読者は理論立てて説明できるでしょうか。

「道の泥を居間に持ち込まないよう」と答える人は多いが、欧米はじめほとんどの国では持ち込んで平気なのになぜ日本だけは……。

「日本は床が板敷だから、靴で上がると傷むから」。欧米でも石の床なのは王宮や貴族の邸宅くらいで、たいていの家は、壁には石や煉瓦を積んでも、その上に木の梁を架け渡し板を張って二階を作る。

「畳が弱いから」。それは話が逆で、靴を脱いで板敷の上に座ることが定着した中世以後、尻が痛いし寒いから座布団のようにして畳が導入されている。

日本人が靴を脱いで家に上る習いは、飛鳥時代に仏教とともにイスが入ってきた時も、明治時代にイス式のはずの洋風生活が始まった時も、変わらなかったから、きっとこれからずっと続くにちがいない。ここまで書いてから、一八年前に書いた本書の〝靴のまんまはプロブレム＝〈土足〉〟を読み直すと、「もしかしたら二一世紀の住まいにおける世界標準は、日本のやり方なのかもしれない」とあるではないか。そうはならないと思います。訂正します。

芝棟は五千年、靴脱ぎは寝殿造りからと超短くとって千年も続きながら、さしたるわけも見つからない、という日本建築史上の現象について、私はこれまで考えつづけ、今は一つの答に到達している。

答は、

〝芝棟も靴脱ぎも、さしたる理由がないから〟。

理由のないものには、変わる理由も見つからない。分かりやすい例を引くなら、歩きはじめる時の第一歩は右か左か。どっちでもいいのに、古代エジプトの立像は必ず左足を出しているし、つづく古代ギリシャの初期の立像も、さらに現代の世界の行進も左足が先と決まっている。

どっちでもいいことは、どっちに決まったにせよ一度決まると変える理由が見つからないから変わることはない。

芝棟五千年も靴脱ぎ千年もそのようにして続いてきた、とにらんでいる。

芝棟も靴脱ぎもその建築の舞台が住宅であることに注目してほしい。住宅だからそのままだった。

もし舞台が神社や寺院や公的建築だったらどうか。たとえば飛鳥時代になると、古墳時代までの役所などの公的建物は、掘立柱は礎石立てに、素木《しらき》の柱は朱塗りに。茅葺きや檜皮葺きは瓦へと変わる、のではなく変える。明治の時、官公庁、学校、兵舎、病院、銀行、駅舎が洋館になったのも同じ。

なぜ、飛鳥時代と、明治時代のそのようなビルディングタイプにかぎり変化を受け入れたかというと、その時代のリーダーたちが、建築の表現を変えることで、時代が変わったことを人々に印象付けようとしたからだ。リーダーたちが意識して建築を新しくすることで、それを受けとめた人々の意識も新しくなる。

官公庁、学校……駅舎のような建築は時代の記念碑としての性格を持ち、意識して作られて意識に働きかける。そうした建築には、作る側と見る側の二つの意識が入っているから、これを「意識の器」と呼ぶとすると、この器は、時代の変化にともなって次々に新しくなる。

その対極にあるのが住いにちがいなく、次々に変わられては困る。

たとえば朝、玄関を開けて会社に行くとしよう。「男子、家を出ずれば七人の敵あり」と昔はいったが、家から通りに出たら周囲への注意は欠かせない。欠けば事故に遭うかもしれないし、上司に会うかもしれない。会社に着いたらその先には今日やりとげる仕事が待っているし、仕事の裏には競争と評価と給料がぶら下がっているから、気を抜くことは出来ない。

だからこそやりがいがあるともいえるが、しかし、そうした仕事を終えて家に帰ると、働くという意識は脱ぎ捨て、気を抜かなければ身はもたない。家族の元気な様子に心は安らぎ、風呂に入って外での意識も気も洗い流し、ご飯を食べ、いや夏なら御飯の前に庭があるなら庭でも眺めながらビールを一杯……。

その時、働くとかの外での意識は消えているが、生きているかぎり意識の消滅はありえず、外での意識とは別の意識が人の中を満たしている。

たとえば、すでに述べたような家に帰ったら靴を脱ぐという行為の奥には、もはや理由付けできないほど深すぎて見えにくい意識が、長い暮しの中でたまった意識があり、気付いた時にはもう遅く、理由を自覚しないまま、これまでも続けてきたし、これからも続けるだろう。そういう意識のことを意識下の意識とか無意識の意識という。

寺社仏閣、官公庁……駅舎、会社の建築を「意識の器」とするなら、住宅は「無意識の器」、それも一番大きな無意識の器にちがいない。

人は、意識の器と無意識の器の間を、毎日、行ったり来たりしながらかろうじて心の平衡を保っている。住宅建築の一番大きな働きは、そこにある。

そのことに最初に気づいたのは、建築家ではなく、日本に民俗学を拓いた柳田国男だった。柳田は、仏教や儒教やその他いろんな意識的な思想や文化や表現に収束されない日本人の内なる古層に溜る想を、ここでの言い方にしたがえば日本人の意識の底に隠れた無意識を探るべく、農村や山村に出むいて民俗学的調査を重ねるなかで各地に生き続ける茅葺き農家に目を付けた。無意識の大きな器であることに気付いたのである。

そこで大正六年（一九一七）、白茅会《はくぼうかい》を結成し、現地調査の時の建築記録要員として連れて行ったのが、

〝今和次郎《こんわじろう》〟

だった。今は、柳田について出かけ、柳田が古老たちの聞き取りをする間、間取りはむろん囲炉裏の作りや室内に置かれた物品を含めてスケッチしてゆく。白茅会が活動停止した後も、各地に出かけては調査とスケッチを重ねた。そして、大正一一年（一九二

二）、無意識の器ゆえ群としての抽象概念を持たなかったそれらの建物に言葉を与え、『日本の民家』を刊行した。

以後、日本の建築界は、民家も寺社仏閣や城や書院造など意識的建築の一員として受け入れ、建築史研究の対象に組み込まれる。しかし、フランスなどでは今でも建築は意識的なものにかぎられ、民家はもっぱら民俗学が扱う。

縄文時代に竪穴式住居として歩み始めた日本の民家は、芝棟や土間や囲炉裏や小屋組などそのまま戦前まで生き続ける要素もある一方、その後に付加され、やがて長い時間の中ですっかり馴染んで無意識の領分に溶け入った要素もある。それが先に述べた靴脱ぎの一件である。いつどのような理から日本の民家の土間に板敷きが入り込み、靴を脱いで上がるようになったのか。

この問が意味を持つのは、竪穴式住居に由来する土間のままでも、その後の歴史の中を生き抜くことは可能だったからだ。戦後、青森県のある地域の生活調査をすると、何万棟もの土間だけの民家が、それもちゃんとした民家があった。

イギリスの民家も土間に囲炉裏から始まっているが、その後、土間にイス、テーブルを入れて今にいたる。土間の上に束《つか》を立て根太を回して板を張る床《ゆか》は、世界中どこでも実用上は必要なかった。実用上必要だったのは、湿原を拓いて農業を始めた水田稲作地帯だけ。縄文時代に続く弥生時代は、中国の長江中流域の水田地帯で成立した新しい文明が日本列島に上陸したところから始まっている。

弥生時代に高床式住宅がもたらされても、列島の大多数が住む昔ながらの土間の暮しは変わらなかったことを、水田稲作を営んだ登呂遺跡はじめ各地の弥生時代遺跡が証明している。

では、いつ、なぜ、板張りという手間がかかるうえ不要な作りが土間に入り込んだのか。

建築史家の中谷礼仁は、農民が仏様を受け入れた時、という光輪が輝くように魅力的な仮説を出している。アイヌが棚のようなベンチのような床状の作りを壁際に設け、念から入ってくる神様専用の場とした習いを例に引き、仏像などの仏のシンボルや、ごくまれに訪れる仏教の聖《ひじり》（遊学僧）の座として床を張るようになった、と。

たしかに、縄文時代の自然信仰なら野山の巨樹や巨岩に注連縄《しめなわ》を巻いて大事にすれば十分だが、仏像などシンボルや僧を土の上に直《じか》、というのは憚《はばか》られる。なお、古式を守る神社では、今も土や小石の上に直に座って儀礼を行なうから、神道（自然信仰）では憚られない。

なぜ仏教では憚られるのかは、改めて考えると理由不明だが、おそらく、古式ゆかしい自然信仰とその後に成立した新しい信仰の根本に関わるにちがいない。自然信仰は、世界中どこでも、信仰を支える言葉を持たない。五感を通して入ってくる自然の力を感じ、祈るだけ。一方、その後に生れた仏教、ユダヤ教、儒教、キリスト教、イスラム教はそれぞれ『仏典』、『旧約聖書』、『論語』、『新約聖書』、『コーラン』を持ち、信仰は言葉の上に立てられている。樹や岩や水といった自然界の具体的な物や現象を根拠とする信仰と、言葉という人間の意識が絞り出した抽象物に依って立つ信仰、この差が、土の上に直に座るという行為に対し、憚られるか否かの別をもたらしているのではないか。

土間に床が入るという決定的変化が信仰＝宗教によりもたらされたとする中谷仮説に私が同意するのは、変わらないことを旨とする無意識の器に変化をもたらすほどの力は、近代前にあっては信仰しかありえない、と考えるからだ。古《いにしえ》にあっては、信仰だけが世界の全体像を開示し、自分という個々が存在する意味を説明してくれた。

くり返しになるが、それにしてもどうしてアイヌの人たちは神様を棚に祭ったんだろうか。仏様を一段高い床の上に祭ったのは、すでに弥生時代以後豪族の間では定着し、高貴な形式と見なされている高床の形式を取り入れたにちがいないが、ではなぜ、アイヌも飛鳥時代以後の竪穴式住居の住人たちも、神様仏様は一段高い位置がふさわしいと考えたのか。高貴なものをなぜ地面より上としたのか。

世界のどこでもどの宗教でも大切なものは地面より上に決まっているが、それすら歴史的にある時代に始まった習いの可能性がある。

アメリカインディアンの中でも有力部族として知られるプエブロ族の故地のメサベルデ遺跡を訪れた時、その神殿のあまりの異様さが私の宗教建築観を大きく揺さぶる。神殿といっても大きな竪穴で、それも上に（すでに取り払われていたが）土葺きの屋根を架け、地上からはハシゴで降り、地下の地面にあくヘソのような小さな穴に向って祈り、歌い、踊る。径一〇センチメートルほどの穴は、周囲をみがいたように縁取られ、中は暗くてどれだけ深いかは分からない。

〝この穴から人間はじめ地上の生命ある万物は湧き出てきた〟

とプエブロ族は言う。現在のプエブロ族の居留地に行くと、同じ作りの神殿があり、土葺き屋根の上にハシゴが突き出しているが、部外者は絶対に入れない。

神様は、高いところではなく、低い、それも地中に位置するとし、それを神殿として建築的に表現する人々が今もいる。おまけに日本とアメリカインディアンの歴史は旧石器時代までたどると一致し、一万五千年前に分岐している。

石器時代までさかのぼり、やっと、プエブロ族の土中信仰について次のように納得した。

すでにこの問題は考え済みだった。人類の古の信仰は、狩猟で暮した旧石器時代の地母信仰から始まり、農耕開始の新石器時代に太陽信仰が生れ、地母の上に太陽が重なり習合した、とする宗教観を考え済みだった。地母信仰は地中深くの洞窟に獲物である大型動物の姿を描き、その再生を祈り、人間の再生についても石や牙や土で地母像を作り、土中や洞窟に安置していたことが分かっている。

プエブロ族の土中の神殿は、旧石器時代の地母信仰を伝える建築だった。アメリカインディアンが日本列島近傍を経て北上し、氷のブリッジ化したベーリング海峡を渡り、はじめてアメリカ大陸に入ったのは旧石器時代だから、彼らは地母信仰をベーリング海峡で凍結したままアメリカに持ち込んだ。

なお、その後もユーラシア大陸からの文明の流れが届いていたのか、あるいは孤立した中での独自の創造だったのかは未詳だが、旧石器時代には無かった新石器（磨製石器）、土器、弓矢を使い農耕（トウモロコシの品種改良と畑作）を行なっている。ただしついに金属器は知らないままの状態の中にヨーロッパ人が上陸して亡び、プエブロ族などごく一部が古からの宗教と習慣をからくも守っている。

話を戻す。

仏教の受け入れによって床も民家に入り、その一画を自分たちも使うようになり、床と土間の間を上ったり下ったりして暮すうちに、一つの定形が成立した。無意識の器の常として、いつどこかは不明ながら、全国的に成立している。幕末に作られた私の信州の家も、その一つだった。

"四つ間取り〟とも〝田の字プラン〟ともいう。

間取りの基本は、土間と床の二つに分かれ、さらに床は、部屋に注目すれば四つの部屋（間）からなり、部屋の仕切りに着目すれば田の字に似る。

土間には、カマド、作業スペース、時に馬小屋が付き、床の四つの部屋は、表側に当る南側の土間に近い方は居間、遠い方は座敷、そして裏の北側の、土間に近い方は台所、遠い方は寝室となる。

四つ間の特徴は、日当りも眺望も一番いい南の角がお客様用に当てられ、寝室は、陽も差さず風も通らない北の隅に、まるで穴倉のようにしてあった。昭和戦前、今和次郎が東北地方の民家の改良を指導した時、目標はガラス窓一つを寝室に取り付けることだった。今の下で実際担当した竹内芳太郎さんによると、ガラスを入れて室内に光が入ると、そのあまりの汚さと埃の多さに住人も呆れていたという。

縄文時代には本当に土中の穴というべき芝屋根の竪穴式住居に寝、その伝統が高床式住居にも入り込み、寝殿造ではその名も〝塗籠《ぬりごめ》〟と呼ばれる二畳程度の密閉空間で天皇は寝ていた。とすれば、縄文時代の正当な子孫である農家の寝床《ねどこ》が穴倉同然でも不思議はない。無意識の器は、よほど強い外力が働かない限り、中側からは変わらない。

かくして、民家はむろん書院造や数寄屋造においても、ということは日本の歴史に登場するすべての住宅は、時代を問わず身分を問わず、広くて日当たりがよくて庭の見える一番いい部屋は、外の人がやって来る冠婚葬祭用か、大事なお客様を迎えるための接客用に当てられた。家族が使うのはお正月などハレの日に限られる。

こうした対外重視の住宅のあり方は、世界中どこも同じだった。

明治の邸宅に洋館が入ってきた時のことを調べると、たとえば岩崎久弥邸では、江戸以来の棟梁の手になる立派な対外用座敷があり、その斜め脇のコンドル設計の洋館は欧米人の客用だった。久弥の孫の寛弥さんによると、中学生の時、その食堂で、正しい英国貴族の食事の仕方を伝授されたという。食べ方ではなく、主人が客に対し、大きなナイフとフォークで肉を切り分け、まず女性の主客に、次に男の主客に、順序を間違わずに、かつ落としたりこぼしたりせず配る方法を、久弥がケンブリッジ大学留学中に習った通りに。

しかし、世界共通の、長い長い接客大切対外重視の歴史はついに終わる。世界の建築界の先端では二〇世紀初頭に、日本の社会では戦後すぐに終わる。

世界の先端では、後に日本を訪れるブルーノ・タウトや、何人もの日本人建築家が留学するバウハウスの創立者ワルター・グロピウスや、戦後、上野の西洋美術館を設計するル・コルビュジエなどが、一九二〇年代に〝最小限住宅〟と、その考えに基づく集合住宅である〝ジードルング〟に取り組み、接客空間ナシの合理的で健康な住まいを提案した。

日本においても、最小限住宅とジードルングを横目ににらんで、前者は少数、後者は同潤会アパートメントとしてたくさん実現した。

しかし本格化するのは戦後の復興期を待たなければならない。

戦前までの伝統的住いの〝お座敷〟と〝床柱〟と〝洋風応接間〟と〝暖炉〟に象徴される接客大切対外重視の考えは、戦後すぐ「封建的」と難じられ、代わって家族重視の住宅が模索され、昭和二六年（一九五一）、日本建築学会と政府により、あるべきこれからの小さな住いの標準型として〈51Ｃ型〉が決められる。

接客対外は廃され、その分は家族用に回され、台所と食堂は一つ部屋とし、そこに二つの寝室が続く。居間は、台所・食堂と一緒になってもいいし、寝室の一つを当ててもいい。

51Ｃ型の一番のポイントは、台所と食堂を一体化し、住いの中核に据えたことで、それまで北側の日の当たらない場所に押し込められていた台所と食堂が、南側角のお座敷にとって代わって南側の中心に躍り出た。

それまで、よほど狭い家でもない限り、調理という作業の場である台所の横でご飯を食べる家なんてなかった。調理とご飯の間にはきまって戸を立てていた。

51Ｃ型において、台所の横で座卓に座ってご飯を食べると、台所の高さと座卓の高さの落差に落ち着かないから、座卓に代ってイス、テーブルとする。

高さは整っても台所の汚さが困る、それまでの流し台は「人造石研ぎ出し」というセメント製で、四七年前の新婚時代の借家で使った経験によると、魚の血やウロコはこびりつくわ、洗っても落ちないわ、小さなひび割れから汚れた水が下に浸みるわ、不衛生ばかりか見た目もイス・テーブルのオシャレ感（ただし現在の目で当時のイス・テーブルを見るとただの作業台と作業用イス）を裏切っている。セメント製品は土管や側溝ならともかく台所には向かない。

そこで住宅公団は、ステンレス流し台を開発し、機能上も美学上もそれまでにはない台所を供し、婦人たちから圧倒的支持を得る。住宅公団の魅力を主婦にアンケートしたところ九割が流し台をトップに上げたという。

封建遺制を打破した間取り以上に光輝く流し台がトップというところにアヤウサがほのかに漂うが、51Ｃ型の間取りと流し台がコンビを組んで、戦後の住宅を拓いてゆく。その過程で、公団住宅の間取りの説明に使われていた、居間をＬ（リビング）、食堂をＤ（ダイニング）、台所をＫ（キッチン）とする記号も定着し、頭に寝室の数を付けて２ＬＤＫとか３ＬＤＫとか表記するようになる。ＬＤＫとは、居間、食堂、台所が一つ空間に納まる部屋を指す。狭い住宅の改良を目的としたＬＤＫは広い家にも波及し、今では豪邸も例外ではない。

豪邸にまで届いたのは、51Ｃ型を創案した建築家にも広めた住宅公団にも予想外だったが、そこには戦前の家父長制に代わる戦後の新しい家族の姿がある。戦前、有力者はむろん官公庁や会社の課長クラスや中学校の校長クラスであれば〝女中〟と呼ばれる使用人を使っていたが、戦後、そうした階層も使用人はいなくなり、主婦が一人で家族の世話をし家事をこなすようになる。具体的には、母を中核とした家族だけの家庭が生まれ、父の家庭内での地位は下がる。女中さん一人を雇うほどの給料も取れなくなったのだから仕方があるまい。父が、会社の部下を家に呼ぼうにも一族を呼んで何かしようにも、お座敷も応接間も消えている。

外に対して有効であった父権にとって代わったのは、日々の暮しを支える母権であった。

母権の持ち主たちは、片隅で隠れるようにして調理することを嫌い、台所という指揮台に立ち、遊ぶ子供や待つ男を視野に収めながら働くことを好む。

間取りの中核をなす台所の、とりわけステンレス流し台は、母権の象徴にほかならない。戦前のお座敷の檜、紫檀、黒檀、鉄刀木《たがやさん》などの床柱は、ステンレスの流し台に負けた。

合理性と母権の二つが推進力となって狭い家に発したLDKタイプの平面は、使用人ナシの広くて裕福な家にも広がり、そして今にいたる。

現在、よほどの豪邸に行っても、イスやソファーに腰かけると、充実した台所が間近に目に入る。

日本の住いは、火のある一つ空間の中で、調理して食べて憩って寝る竪穴式住居から始まっているが、長い長い進化の果てに、一つ空間で調理し食べて憩う状態へと到達した。

始点に戻ったとすると、この先に何か新しいことはあるんだろうか。

この問いを脳中に宙づりしながら思い出したのは、二二年前に手がけた〈ニラハウス〉のことだった。赤瀬川原平の家で、設計にあたっての唯一の要望として、「一〇坪のアトリエが欲しい。もし若いころにアトリエがあれば、画家としてやってこれたから」。アトリエがあってもその才能は絵からはみ出すと思ったが、三間《さんけん》四方の九坪のアトリエと付設の書庫付き三坪の書斎を実現した。しかし、一坪不足のせいかどうか、その後を見ると、ほとんどアトリエとしては使われず、もっぱら打合せや客を迎える時などの対外用に供されている。そのうち、書斎も居間・食堂・台所の空間に移し、最後はそこにこもるようにしてご飯を食べ原稿を書きテレビで巨人戦を見て過ごしておられた。

縄文時代の竪穴式住居の横に対外用の元アトリエが、二階に寝室が、私の目にはそういう様子に映った。

ニラハウスは使われた結果からいうと、竪穴式住居に対外空間が付加した姿になった。この結果は、縄文住居に初めて床《ゆか》が入ってきた時と重なる。実用性に従って生まれた住いに最初に取り付いたのは対外空間だった。

ニラハウスの一件を書いたのは、オリンピックを迎える近年、戦後住宅史を知る者には意外な五文字を、目や耳にするからだ。「オ・モ・テ・ナ・シ」とは、戦後の社会が意識して捨てたはずの思想であり文化だったのではないか。オリンピックと住宅は別ものとはいえ、戦後の社会は、住宅だけでなく外に向けてのあれこれを虚礼として廃止してきた。戦前とはオモテナシ重視の社会であり、戦後それを封建遺制として廃絶したのにどうしたというのか。

縄文住居とニラハウスのその後の変化を重ねて思うに、対外空間は、個々の人間には不要でも人間社会には不可欠なのではあるまいか。個人と社会にゆとりがうまれるようになると、そのゆとりは、人と人、組織と組織の関係調整＝お付き合いに向けられる。国と国のお付き合いとしてのオリンピックから、組織と組織のお付き合いのための料亭やら高級レストラン、さらに個人と個人の居酒屋まで、世間はかくして盛り上がっている。そして、最も好ましい付き合いは、自分の家に迎えること。そっちの方向に日本の住宅は再び向かってゆく、のかどうか、建築史家はただ今観察中。

本書は二〇〇一年九月二〇日、ちくま新書として刊行された本に書き下ろし「日本の住宅の未来はどうなる?」を加え増補したものです。

ちくま文庫

増補《ぞうほ》版《ばん》　天下《てんか》無《む》双《そう》の建築学入門《けんちくがくにゅうもん》

二〇一九年五月十日　第一刷発行

著　者　藤森照信（ふじもり・てるのぶ）

発行者　喜入冬子

発行所　株式会社　筑摩書房
東京都台東区蔵前二―五―三　〒一一一―八七五五
電話番号　〇三―五六八七―二六〇一（代表）

装幀者　安野光雅

印刷所　三松堂印刷株式会社

製本所　三松堂印刷株式会社

ISBN978-4-480-43596-5　C0152